Edo Reents

Thomas Mann

Edo Reents

Thomas Mann

Claassen

Der Claassen Verlag ist ein Unternehmen
der Econ Ullstein List Verlag GmbH & Co. KG

ISBN 3-546-00291-1

Lektorat: Manuela Runge

Satz: Leingärtner, Nabburg
Druck und Bindung: Franz Spiegel GmbH, Ulm

Inhalt

Vorwort

»War nicht das *ganze* Leben peinlich. Es gab wohl selten ein solches Ineinander von Qual und Glanz.« Dass in dieser Eintragung ins Tagebuch vom 20. September 1953 das Fragezeichen fehlt, ist das äußerliche Zeichen für eine innerliche Gewissheit. Thomas Mann dokumentierte dieses peinliche, nur außen hin glanzvolle Leben in seinen Tagebüchern mit einer Regelmäßigkeit, die selbst wieder ans Peinliche grenzt. Längst ist nicht nur sein einschüchternd gewaltiges Werk Legende, sondern auch sein pedantisch geführtes Leben.

Es war das Leben eines Außenseiters, der es vom Schulversager zum repräsentativen und für viele auch bedeutendsten deutschen Schriftsteller des vergangenen Jahrhunderts gebracht hat; der immer für sich stand und das auch gar nicht anders wollte, der nie einer Bewegung angehörte und keine literarische Nachfolge gefunden hat. Thomas Mann hielt sich vom öffentlichen Leben fern, solange es ging; und als es nicht mehr ging, während der beiden Kriege, die er erlebte, da meldete er sich entschlossen, aber immer unter dem Vorbehalt zu

Wort, dass er oft genauso gut das Gegenteil hätte sagen können.

»Meine Zeit«, so heißt es in seiner 1950 erschienenen, gleichnamigen autobiographischen Schrift, »meine Zeit – ich habe, das darf ich sagen, nie ihren Liebediener und Schmeichler gemacht, weder im Künstlerischen noch im Politisch-Moralischen; indem ich sie ausdrückte, war ich ihr meistens entgegen«. So war es, meistens jedenfalls.

Die Widersprüchlichkeit, die man an ihm oft kritisiert hat, gehört zu einer Persönlichkeit, der die weltanschaulichen Gewissheiten frühzeitig abhanden gekommen waren – wenn sie überhaupt jemals welche hatte. Thomas Mann ist ein skeptischer, pessimistischer Autor, zersetzend im Grunde, und trotzdem ein großer Humorist, der seinem Nihilismus einen spätzeitlichen, ironischen Humanismus abzuringen wusste. Das sicherte ihm eine Kanonisierung, über die er sich freilich wunderte. So ließ er sich von dem Glanz, der frühzeitig auf sein Leben fiel und bis heute nichts eingebüßt hat, keineswegs blenden.

Thomas Mann war ein scheuer und, trotz seiner großen Familie, einsamer Mensch, der tief an sich und seiner Zeit litt und auf diese Weise ein repräsentatives Leben führte. Über dieses Leben, das freilich erst von der Innenperspektive her richtig interessant wird, wissen wir inzwischen so gut Bescheid wie über das kaum eines anderen Schriftstellers, obwohl Thomas Mann eine Autobiographie nie geschrieben hat. Das hätte er auch nicht für nötig gehalten. Denn seine Autobiographie steckt in seinem erzählerischen Werk, in den acht Romanen und den knapp drei Dutzend Erzählungen; dazu in den unzähligen Essays. Dies alles hat er in mehr als 60 Jahren, bis kurz vor seinem Tod im Jahre 1955, geschrieben. Mit einer Raffinesse, die nicht vielen Schriftstellern zu Gebote steht, teilt er hier verschlüsselt mit, was sich in seinen Tagebüchern meistens sehr direkt findet und die Öffentlichkeit, nach der Öffnung der Tagebücher 1975, in Erstaunen versetzt hat.

Über dieses Erstaunen sind wir heute hinaus. Grundlegend Neues über diesen Autor noch zu sagen ist kaum mehr möglich und Aufgabe einer hoch spezialisierten Thomas-Mann-Forschung. Was die Biographien betrifft, die in den vergangenen Jahren erschienen sind, so könnten sie jede weitere überflüssig machen – wenn es bereits auch eine gäbe, die einführenden Charakter trägt und sich an eine nach Möglichkeit breite Leserschaft wendet.

Die vorliegende ist nicht an Vollständigkeit interessiert; sie setzt Schlaglichter und versucht einen ambivalenten, haltlosen Schriftsteller in den Blick zu rücken, der seinem literarischen Werk ein Leben unterordnete, das ihm unter anderen Umständen als sinnlos erschienen wäre.

Kapitel I

DIE HUNDE IM SOUTERRAIN AN DIE KETTE GELEGT – EINE KINDHEIT

»Seine Geburt war unordentlich, darum liebte er leidenschaftlich Ordnung, das Unverbrüchliche, Gebot und Verbot.«[1] So lautet der erste Satz aus Thomas Manns später Erzählung *Das Gesetz*, die von Moses handelt und den Zehn Geboten. Seine Geburt war unordentlich – so empfand Thomas Mann auch seine eigene, wenn auch nicht in dem Sinne, wie er es von Moses erzählt. Er war das Kind ehrbarer, besonders ehrbarer Leute. Der Vater wurde mit »Euer Wohlweisheit« angeredet, und seine Mutter war die schönste Frau der Stadt; jedenfalls behauptete das der Jugendfreund seines vier Jahre älteren Bruders Heinrich, Ludwig Ewers.

Aber seine Geburt war trotzdem unordentlich, denn er kam sich wie das Produkt einer Mischehe vor. Der Vater war ein vornehmer Mann, mit dem nicht zu spaßen war, die Mutter eine Deutschbrasilianerin mit künstlerischem Einschlag, die singen und Klavier spielen konnte und außerdem im Urwald aufgewachsen war, ein eher dunkler, romanischer Typus – wie gesagt: die schönste Frau der Stadt.

Diesen Gegensatz – wenn er denn überhaupt einer war –, umschrieb Thomas Mann später mit Goethe-Versen aus den *Zahmen Xenien* dahingehend, vom Vater habe er die Statur und »des Lebens ernstes Führen«, von der Mutter dagegen die »Frohnatur« und die »Lust zu fabulieren«.[2] Und so viel ist ja richtig, dass er als Schriftsteller geradezu zwangsläufig fabulierte; aber das mit der Frohnatur, das stimmt nicht, genauso wenig wie umgekehrt sein Vater ein durch und durch nüchterner Mann war.

Thomas Johann Heinrich Mann war Kaufmann und Senator zu Lübeck, die rechte Hand des Bürgermeisters. »Er war kein einfacher Mann mehr«, schreibt der Sohn 1926 in seinem Heimatessay *Lübeck als geistige Lebensform*, »nicht robust, sondern nervös und leidensfähig, aber ein Mann der Selbstbeherrschung und des Erfolges, der es früh zu Ansehen und Ehren brachte in der Welt«[3] – also im Prinzip ganz wie der Sohn.

Julia Mann, geborene da Silva-Bruhns, verbrachte die ersten sieben Jahre ihres Lebens in Rio de Janeiro. Ihr Vater war Deutscher, Plantagenbesitzer, und als sie nach Lübeck kam, da dachte sie, was da Weißes herumlag, wäre Zucker. Es war aber Schnee. »Unsere Mutter war außerordentlich schön«, schreibt Thomas Mann rückblickend 1930, da ist Julia Mann schon gute sechs Jahre tot, »gewisse Merkmale der Rasse, des Habitus habe ich später bei berühmten Tänzerinnen wiedergefunden«.[4]

Dazu muss man wissen, dass es für Thomas Mann so ziemlich das Schlimmste war, diesem Milieu zugerechnet zu werden; er hatte eine Menge Angst davor, mit dem so genannten fahrenden Volk in Verbindung gebracht zu werden. Das Künstlerische kam ihm immer etwas unseriös vor, obwohl er als Schriftsteller selber zum Künstlervolk gehörte. »Wir sind doch keine Zigeuner im grünen Wagen, sondern anständige Leute, Konsul Krögers, die Familie der Krögers«,[5] sagt sich Tonio Kröger, der Held der gleichnamigen Erzählung von 1903, ein ums andere Mal und nicht zufällig immer dann, wenn er an seine Mutter denkt, die zwar liebevoll ist, aber auch ein wenig liederlich. Wir sind doch keine Zigeuner im grünen Wagen, sondern anständige Leute, Senator Manns, die Familie der Manns – so dachte auch Thomas Mann.

Aber schön war die Mutter: »mit dem Elfenbeinteint des Südens, einer edelgeschnittenen Nase und dem reizendsten Munde, der mir vorgekommen. Gefeierte Gesellschaftsdame, stand sie einem großen Hause vor, in dessen Ballsaal die Offiziere der Garnison die Töchter des Patriziats zum Tanze führten«.[6] Die Mutter las ihm und seinen Geschwistern vor, besonders aus Fritz Reuters plattdeutschen Erzählungen. Und sie spielte ihm auf dem Klavier vor. Das vor allem sollte er nicht vergessen und literarisch noch ein ums andere Mal verarbeiten.

Vor dem Vater hatte er großen Respekt, wenn nicht sogar Angst. Wenn er mit ihm spazieren ging und die Leute ihn mit »Euer Wohlweisheit« anredeten, dann stand er verlegen daneben und dachte vermutlich, dass er es wohl niemals so weit bringen würde, das wusste er. Als beinahe 80-jähriger, im Mai 1955 bei der Verleihung der Lübecker Ehrenbürgerschaft, erinnert er sich: »Noch sehe ich ihn, den Zylinder lüftend, zwischen den präsentierenden Infanterie-Wachposten vorm Rathaus hindurchgehen, wenn er eine Senatssitzung verließ, sehe ihn mit eleganter Ironie den Respekt seiner Mitbürger entgegennehmen und habe nie die umfassende Trauer vergessen, mit der, als ich fünfzehn Jahre alt war, seine Stadt, die ganze Stadt, ihn zu Grabe brachte.«[7]

Thomas Johann Heinrich Mann hatte, als er 1891 im Alter von 50 Jahren an Blasenkrebs starb, genügend Zeit gehabt, um sich davon zu überzeugen, dass weder Thomas noch dessen Bruder Heinrich die Getreidefirma übernehmen könnten, aber dies auch gar nicht gewollt hätten. Deshalb verfügte er in seinem Testament, dass die Firma Mann, die wenige Monate vorher glanzvoll ihr hundertjähriges Jubiläum gefeiert hatte, zu liquidieren war – eine Tatsache, die dem Rest der Familie ein finanzielles Auskommen sicherte und insbesondere die beiden ältesten Söhne Heinrich und Thomas in den Stand setzte, nach einer mit vielen Reisen und vielem Faulenzen verbrachten Probezeit Schriftsteller zu werden. Was Thomas betraf, so muss der Tod seines Vaters geradezu als Bedingung seines ersten ganz großen Erfolges, der *Buddenbrooks*, angesehen werden; jedenfalls tat er es selbst und fragte als alter Mann: »Wie hätte ich ›Buddenbrooks‹ schreiben können, während er noch da war? Undenkbar!«[8] Es wäre nicht auszudenken gewesen, was sein Vater gesagt hätte zu dem Skandal, den das Buch in der Heimatstadt auslöste. Aber Thomas Mann war da schon über alle Berge.

Paul Thomas Mann, der sich Thomas nannte und Tommy genannt wurde, kam an einem Sonntag in

Lübeck an der Trave zur Welt. »Ich bin geboren am Sonntag den 6. Juni 1875 mittags zwölf Uhr«,[9] schreibt er in seinem Lebenslauf, den er 1936 für amerikanische Leser verfasste. Das Datum stimmt, die Uhrzeit nicht; er kam, wenn nicht auch die Geburtsurkunde lügt, morgens um viertel nach zehn zur Welt. Aber das mit dem Mittag hatte er sich bei Goethe abgeschaut, der das gleichfalls von sich behauptete, obwohl es wahrscheinlich schon bei ihm nicht stimmt.

Sehr wahrscheinlich kam er in dem Haus in der Breiten Straße 38 zur Welt, das die Familie zwischen 1872 und 1883 bewohnte, bevor sie in das vom Vater neu gebaute Haus in der Beckergrube 52 umzog. Hier verbrachte Thomas seine Kindheit und Jugend; es wurde im Zweiten Weltkrieg bei einem Bombenangriff zerstört. Die eigentliche Thomas-Mann-Pilgerstätte ist aber das wieder aufgebaute Haus der Großeltern in der Mengstraße 4, das so genannte Buddenbrookhaus. Getauft wurde Thomas Mann in der Marienkirche am 11. Juni 1875, und zwar über der alten, familieneigenen Taufschale, die später im Roman *Der Zauberberg* eine Rolle spielen wird.

»Meine Kindheit war gehegt und glücklich«,[10] schreibt er später, und nach allem, was man über diese Kindheit weiß – nicht sehr viel –, darf man annehmen, dass das im Wesentlichen stimmt. Das Verhältnis zu seinen vier Geschwistern Heinrich, geboren 1871, den Schwestern Julia, geboren 1877, und Carla, geboren 1881, und dem 1890 geborenen Bruder Viktor war zumindest in der Lübecker Zeit recht harmonisch. Gemeinsam mit Heinrich verfasste er für die beiden Schwestern ein »Bilderbuch für artige Kinder«, ein witziges, freches Buch mit satirischen Zeichnungen, an das er sich noch im Alter erinnerte. Als Kind war er sehr gerne in Travemünde, wo er oft die Sommerferien verbachte. Er liebte das Meer, und diese Liebe gab er an Thomas und Hanno Buddenbrook weiter.

Thomas Mann stammte aus einer der angesehensten Familien der Stadt und wuchs in geordneten, wohlbehüteten Verhältnissen auf, ihm fehlte es an nichts. »Ich habe sehr schönes Spielzeug besessen in meiner Kindheit, wenn ich davon erzählen darf.« Bitte. »Der Kaufmannsladen, mit Ladentisch und Waage, war wundervoll, besonders, als er neu war und die Schubladen von Kolonialwaren starrten, und der Kornspeicher genau von der Art derer, die meinem Vater drunten an der Trave gehörten ... Eine vollkommene Ritterrüstung aus eisenfarbener Pappe mit Visier-Helm, Turnierlanze und Schild schweben mir deutlich vor Augen; aber diese Romantik war unsolide ... Übrigens fand ich kein sonderliches Gefallen an der militärischen Maskerade, und auch mit Bleisoldaten habe ich ohne rechte Leidenschaft gespielt ...«[11]

Ebenso wenig mochte er die blaue Husarenuniform, die man ihm maßschneidern ließ, und zog lieber eine Matrosenuniform an. Er war ein verträumtes und nicht besonders männliches Kind, zum Missfallen seines Vaters, wie man vermuten darf. Die Szene aus den *Buddenbrooks*, in der Hanno zum hundertsten Firmenjubiläum vor seinem Vater, dem Senator Thomas Buddenbrook, etwas aufsagen soll und unter dessen strengen Anweisungen jämmerlich einbricht, dürfte autobiographisch sein.

Thomas Mann spielte lieber mit dem Puppentheater und dachte sich jeden Tag eine neue Existenz aus, in die er hineinschlüpfen könnte: »Ich erwachte zum Beispiel eines Morgens mit dem Entschluß, heute ein achtzehnjähriger Prinz namens Karl zu sein.«[12] Das Erwachen fiel ihm für gewöhnlich schwer. Thomas Mann schlief bis ins Erwachsenenalter viel und gerne, und das war nicht nur für ihn sehr angenehm, sondern auch für seine Kindermädchen: »Man sagt mir, daß ich ein ruhiges Kind war, kein Schreihals und Störenfried, sondern dem Schlummer und Halbschlummer in einem den Wärterinnen bequemen Grade zugetan. Ich glaube es, denn ich erinnere mich, den Schlaf und das Vergessen geliebt zu haben zu einer Zeit, da ich noch kaum etwas zu vergessen hatte ...«[13] In seiner frühen Münchner Zeit kam es nicht selten vor, dass er bis nachmittags um zwei, drei Uhr im Bett lag. Und wenn man die Schulepisode aus den *Buddenbrooks* liest, wie Hanno morgens nicht aus dem Bett kommt, den Wecker immer wieder vorstellt und ängstlich den Zeiger beobachtet, der sich davon nicht aufhalten lässt, dann kann man sich ungefähr ausmalen, wie Thomas Mann selbst zumute gewesen sein mag, wenn er als Schüler morgens aufstehen musste.

Ohnehin ging er ungern zur Schule: »Ich verabscheute die Schule und tat ihren Anforderungen bis ans Ende nicht Genüge.«[14] Thomas Mann war ein mäßiger und vor allem äußerst fauler Schüler, der keinen Sinn darin sah, sich drillen zu lassen. Das Abgangszeugnis, das ihm auf dem Katharineum zu Lübeck am 16. März 1894, ein Jahr vor dem Abitur, ausgehändigt wurde, verzeichnet fast nur die Note »befriedigend«, auch in Deutsch; nur in Religion hat er ein »recht befriedigend«, was heute einer »Drei plus« beziehungsweise neun Punkten entspricht. Nur im Betragen hat er ein »im ganzen gut«.

Diese gute Note verwundert insofern, als sich Thomas Mann auf seinen Oppositionsgeist in der Schule etwas zugute tat und stolz darauf war, dass er sitzengeblieben war. Es muss wohl mehr eine stille Opposition gewesen sein, die er da pflegte und die ihm bei den Mitschülern Respekt einbrachte. Weniger Respekt erntete er mit seinen ersten schriftstellerischen Versuchen, Gedichte und kurze Dramen, von denen nur noch wenig erhalten ist.[15] Es waren auch Liebesgedichte darunter, schwülstige Schwärmereien, die vor allem seinem Lübecker Mitschüler Armin Martens galten und über die sich sein Bruder Heinrich lustig machte. Dies war die Zeit, in der er einer Freundin der Familie altkluge und forsche Briefe ins Haus schickte, die er mit »Th. Mann. Lyrisch-dramatischer Dichter«[16] unterschrieb.

Seine Bildung bezog er hauptsächlich außerhalb der Schule. Er las viel, Schiller und Heine, Storm und natürlich Goethe, dazu französische Literatur und ziemlich bald auch die Philosophen Friedrich Nietzsche und Arthur Schopenhauer. Insbesondere seine Schopenhauer-Lektüre hat er später zu einem regelrechten Erlebnis stilisiert: »Das kleine, hochgelegene Vorstadtzimmer schwebt mir noch vor«, heißt es im Kapitel »Einkehr« des im Herbst 1918 erschienenen 600-seitigen Riesenessays *Betrachtungen eines Unpolitischen*, »worin ich … tagelang hingestreckt auf ein sonderbar geformtes Langfauteuil oder Kanapee, ›Die Welt als Wille und Vorstellung‹ las. Einsam-unregelmäßige, welt- und todsüchtige Jugend – wie sie den Zaubertrank dieser Metaphysik schlürfte, deren tiefstes Wesen Erotik ist und in der ich die geistige Quelle der Tristan-Musik erkannte! So liest man nur einmal.«[17]

Dies war, wie gesagt, bereits in Schwabing. Den Schöpfer der Tristan-Musik kannte er längst. Er hörte viel Wagner, vor allem den Liebestod aus *Tristan und Isolde*, dessen Akkorde er auf dem Klavier immer und immer wieder nachklimperte, und das Vorspiel zum *Lohengrin*. Schopenhauer, Wagner und Nietzsche – sie waren sein »Dreigestirn ewig verbundener Geister«[18], das in der Thomas-Mann-Philologie seit Jahrzehnten einen Sonderforschungsbereich bildet, gründlich durchgepflügt ist dieses Gebiet. Ohne diese Drei ist Thomas Manns Werk nicht recht verständlich. Schopenhauers pessimistische Willenslehre und Nietzsches Kulturkritik bilden im Zusammenspiel mit Wagners Musikdramen das künstlerische und intellektuelle Substrat, von dem Thomas Mann sein Leben lang zehrte und das er in einer ironischen und immer raffinierter werdenden Goethe-Imitation literarisch anspielungsreich umzusetzen wusste. Von Schopenhauer lernte er unter anderem, die Welt als ein so trügerisches wie moralisch verderbtes Gebilde zu durchschauen, von der man sich nur im Kunstgenuss oder in der Askese distanzieren kann; Nietzsche las er als Psychologen, der die Relativität aller Moral behauptet und Gottes Tod verkündet – zwei Lektionen in Sachen Atheismus, die er nicht vergessen sollte.

Was die Hansestadt Lübeck betraf, so hatte er nichts dagegen, als es galt, Abschied von ihr zu nehmen. Heimweh ist jedenfalls nicht überliefert. Nur das Plattdeutsch vermisste er. Die Stadt war ihm mit ihren sieben Türmen und ihren schmalen Straßen bereits in seiner Jugend zu eng und schrumpfte später noch gewaltig zusammen, auch geistig. Das lag hauptsächlich an den lokalen Reaktionen auf seine *Buddenbrooks*, doch davon später. »Totentanz-Heimat«[19] ist das für ihn, wie er es in einem Zeitungsartikel von 1921 nennt. Und in *Lübeck als geistige Lebensform* spricht er mehr von sich und seinen Büchern und gibt ein bestenfalls zwiespältiges Porträt von seiner Heimatstadt. Die große, gleich nach der deutschen Kapitulation gehaltene Rede über *Deutschland und die Deutschen* geht noch einen Schritt weiter.

Lübeck, das im fiktiven Kaisersaschern im Altersroman *Doktor Faustus* als Heimatstadt des genial-dämonischen Komponisten Adrian Leverkühn wieder aufersteht, ist ihm da vollends unheimlich geworden. Was er den Deutschen nun, 1945, als Disposition zum Verbrecherisch-Ungeheuren im Allgemeinen attestiert, will er auch in Lübeck im Besonderen wiederfinden: »Nein, in der Atmosphäre selbst war etwas hängengeblieben von der Verfassung des Menschengemütes – sagen wir: in den letzten Jahrzehnten des fünfzehnten Jahrhunderts, Hysterie des ausgehenden Mittelalters, etwas von latenter seelischer Epidemie.«[20] Was immer das heißen mochte – angesteckt hat er sich jedenfalls nicht.

Im März 1894 folgt er seiner Mutter nach München, wohin diese gleich nach dem Tod des Vaters mit den Geschwistern, außer Heinrich, gezogen war. Nach einem kurzen Gastspiel bei einer Versicherung schreibt er sich an der Technischen Hochschule als Gasthörer ein, schreibt Beiträge für die von seinem Bruder Heinrich redigierte Zeitschrift *Das zwanzigste Jahrhundert* – ein reichlich nationalkonservatives Blatt, an dessen Tendenzen er mit seinen *Betrachtungen eines Unpolitischen* noch einmal anknüpfen wird – und hat ansonsten nicht viel auszustehen. Es ist die Zeit seiner Schwabinger Boheme, in der er keine finanziellen und eigentlich auch sonst keine Sorgen hat. Die 160 oder 180 Mark, die er vom väterlichen Erbe monatlich bekommt, reichen vollauf zum Leben. Mit Heinrich ist er viel in Italien, das erste Mal im Sommer 1895, dann noch einmal für anderthalb Jahre vom Oktober 1896 an.

Vom Militärdienst, den er mit überraschend wenig Widerwillen im Oktober 1900 antritt, wird er nach acht Wochen befreit. Wahrscheinlich wurde bei der Musterung übersehen, dass er Plattfüße hat, deren einer ihm durch das viele Marschieren so weh tut, dass er ins Lazarett muss. Ermuntert von jungen Ärzten, die schon etwas von ihm gelesen haben, klagt er noch über Schmerzen, als er schon keine mehr hat. Den Rest besorgt ein verständnisvoller Oberstabsarzt. Ein dankbares Thema, er wird es später in der grandiosen Musterungsszene im *Felix Krull* und im *Zauberberg* unterbringen. Über den *Zauberberg*-Helden Hans Castorp heißt es: »Zum militärischen Dienst wurde er seinerseits nicht herangezogen. Seine innere Natur widerstrebte dem und wußte es zu verhindern. Auch mochte wohl sein, daß Stabsarzt Dr. Eberding, der am Harvestehuder Weg verkehrte, von Konsul Tienappel gesprächsweise gehört hatte, daß der junge Hans Castorp in der Nötigung, sich zu bewaffnen, eine empfindliche Störung seiner soeben auswärts begonnenen Studien erblicken würde.«[21]

Thomas Manns Studien finden anderswo statt. Er ist im Wesentlichen Autodidakt und unternimmt seinen ersten erhaltenen Prosa-Versuch, die kleine Skizze *Vision*, im Fahrwasser des österreichischen Schriftstellers Hermann Bahr, der zwölf Jahre älter ist und von dem er eine Menge hält. *Vision* erscheint 1893 noch in Lübeck, in der praktischerweise von ihm selbst und dem Schulfreund Otto Grautoff herausgegebenen Schülerzeitschrift *Frühlingssturm*. Was er danach schreibt, wird bereits in seriösen Zeitschriften veröffentlicht, unter anderem in der *Gesellschaft* in Leipzig, in der *Neuen Deutschen Rundschau* in Berlin und im *Simplicissimus* in München, bei dem er eine Zeit lang redaktionell tätig ist.

Ein Redakteur der *Gesellschaft* schickt ihm einen Brief. »Was sind Sie für ein begabter Mensch!«[22], steht da drin, aber das muss ihm jetzt niemand mehr sagen. Thomas Mann zuckt bloß mit den Achseln, er weiß, was er kann, und macht weiter – in dem »Wissen um das Vorhandensein von Kräften, die wohl ihre Zeit brauchen mögen, aber unerschütterlich vorhanden sind«.[23] Das ist wohl nachträgliche Schönung eines Zustands, der in Wirklichkeit von Unsicherheit beherrscht war.

Thomas Mann war, wie insbesondere aus dem Briefwechsel mit Grautoff hervorgeht, ehrgeizig und selbstbewusst; aber was werden würde, das konnte er genauso wenig wissen wie die Redakteure, denen er imponierte. Er hatte, indem er sich frühzeitig in die literarische Décadence vertiefte und die entsprechenden Bücher las, ein Gespür entwickelt, dass die moralischen Überzeugungen zum Ausgang des 19. Jahrhunderts nicht mehr galten; sie hatten eine Erschütterung erfahren, von der sie sich nicht mehr erholen sollten, insbesondere durch Nietzsche, dessen Schriften *Jenseits von Gut und Böse* und *Zur Genealogie der Moral* Thomas Mann sehr genau kannte. Er fing an, die Welt mit künstlerischen Augen zu sehen, nicht mehr mit moralischen; die Welt interessierte ihn unter dem Aspekt ihrer literarischen Verwertbarkeit. Das Moralisieren überließ er anderen.

In dieser Zeit schreibt er ein halbes Dutzend Novellen, die über bloße Talentproben hinausgehen; es sind impressionistisch gehaltene, psychologisch versierte und stilistisch bereits ungewöhnlich sichere Texte. Er ist in der angenehmen Lage, dass er nicht lange herumstümpern muss, auch wenn nicht gleich alles gedruckt wird, was er liefert, und er einiges davon umschreibt. Bereits mit seiner zweiten Erzählung macht er auf sich aufmerksam. *Gefallen* heißt diese noch etwas verklausulierte Geschichte, die im halb-akademischen Boheme-Milieu spielt und 1894 in der Zeitschrift *Die Gesellschaft* veröffentlicht wird. In den Münchner Kreisen, in denen Thomas Mann zu dieser Zeit verkehrt, stößt man sich von nun an gegenseitig in die Seite, wenn der junge Dichter auftaucht.

Auch der seinerzeit berühmte Kollege Richard Dehmel bekommt die Novelle in die Hände und ist sehr beeindruckt davon. Er ermuntert den jungen Autor zu Weiterem und stellt ihm in Aussicht, es in der neu gegründeten, aber bereits im Jahre 1900 wieder eingestellten Zeitschrift *Pan* zu drucken. Das lässt Thomas Mann sich nicht zweimal sagen und schickt ihm die Erzählung *Der kleine Professor* ins Haus, die unveröffentlicht bleibt und vermutlich die Vorstufe ist für eine Novelle, mit der er seinen eigentlichen Durchbruch erzielt: *Der kleine Herr Friedemann.*

Mit dem wird er im Herbst 1896 fertig. *Der kleine Herr Friedemann* ist der Titel für den bei S. Fischer in Berlin zwei Jahre später erscheinenden ersten Erzählungsband. Es ist die Geschichte eines verkrüppelten Junggesellen, der sich mit Sublimierung über Wasser hält. Eines Tages verliebt er sich in eine Frau, die ihn so lächerlich macht, dass er sich in einer Pfütze ertränkt. Viel Schopenhauer und Nietzsche steckt in dieser Novelle. Thomas Mann hat sein Thema ein für allemal gefunden.

»Es ist«, heißt es im grandiosen Romanzyklus *Joseph und seine Brüder*, »die Idee der Heimsuchung, des Einbruchs trunken zerstörender und vernichtender Mächte in ein Gefaßtes und mit allen seinen Hoffnungen auf Würde und ein bedingtes Glück der Fassung verschworenes Leben. Das Lied vom errungenen, scheinbar gesicherten Frieden und des den treuen Kunstbau lachend hinwegfegenden Lebens, von Meisterschaft und Überwältigung, vom Kommen des fremden Gottes war im Anfang, wie es in der Mitte war. Und in einer Lebensspäte, die sich im menschheitlich Frühen sympathisch ergeht, finden wir uns zum

Zeichen der Einheit abermals zu jener alten Teilnahme angehalten.«[24]

Der »Anfang«, das ist eben *Der kleine Herr Friedemann*, die »Mitte« ist *Der Tod in Venedig*, und die »Lebensspäte« ist der *Josephs*roman selbst. Thomas Mann tritt in dieser erzähltechnisch stark durchreflektierten Passage gewissermaßen neben sich selbst – ein Werkkommentar in eigener Sache, den sich der auktoriale Erzähler, der im *pluralis majestatis* spricht, seit dem *Zauberberg* immer wieder gönnt. Was es mit der Idee der Heimsuchung auf sich hat, das erklärt sich aus der Biographie dessen, der sie ästhetisch immer wieder umsetzte.

Thomas Mann war ein scheuer, komplizierter Mensch, für den erotische Abenteuer irgendwann nicht mehr oder womöglich von Anfang an nicht in Frage kamen, weil er sie als Bedrohung und nicht als Bereicherung empfand. Dagegen setzte er seinen Kunstbau, hinter dem er sich verschanzte und in den sein ungelebtes Leben investierte. Dieser Kunstbau ist eine Ersatzleistung, die freilich mit dem Wort »Sublimierung« nur unzureichend erschlossen ist.

Otto Grautoff, der Jugendfreund und Empfänger diesbezüglicher Briefe, war frühzeitig eingeweiht in die Winkelzüge dieses geschlechtlichen Hungerleidertums, das Thomas Mann, an Nietzsche dafür ausreichend geschult, mit Anspielungen auf kaltes Duschen und Reisessen ironisch, aber kaum ohne Leiden praktizierte und auch dem Freund anempfahl: »Es ist ein langsames, behutsames Schwächen und Abdorrenlassen des Triebes nötig, wobei alle möglichen intellectuellen Kunstgriffe mithelfen, die einem der Selbsterhaltungsinstinkt suggeriert.

Schließlich ist man viel zu sehr homme des lettres und Psycholog, als daß man nicht nebenbei seine überlegene Freude an solcher Selbstbehandlung haben sollte. Irgendwelches Verzweifeln wäre in Deinem Alter unsinnig. Du hast Zeit, und der Trieb zur Ruhe und Selbstzufriedenheit wird die Hunde im Souterrain schon an die Kette legen.«[25]

Thomas Mann wollte Verzicht üben, und seine Figuren sollten das auch. Johannes, dieser kleine Herr Friedemann, ist der erste, der das tut: »›Gut‹, sagte er zu sich, ›das ist zu Ende. Ich will mich niemals wieder um dies alles bekümmern. Den anderen gewährt es Glück und Freude, mir aber vermag es immer nur Gram und Leid zu bringen. Ich bin fertig damit. Es ist für mich abgetan. Nie wieder. –‹«[26] Johannes Friedemann liest fortan Bücher und hört Musik, bevor er sich, gedemütigt während einer desaströsen Begegnung mit einer herzlosen Frau, umbringt.

Thomas Mann wusste von nun an, dass er sich freigeschrieben hatte. Am 6. April 1897 lässt er Grautoff wissen: »Seit dem ›Kleinen Herrn Friedemann‹ vermag ich plötzlich die diskreten Formen und Masken zu finden, in denen ich mit meinen Erlebnissen unter die Leute gehen kann. Während ich ehemals, wollte ich mich auch nur mir selbst mitteilen, eines heimlichen Tagebuchs bedurfte …«[27]

Sein erzählerisches Werk war von nun an sein Tagebuch, in dem er sich derart raffiniert zu maskieren wusste, dass die Thomas-Mann-Forschung bis heute damit zu tun hat, ihm auf die Schliche zu kommen. Sein empfindliches Stilgefühl hinderte ihn indessen nicht daran, die Freude über diese Errungenschaft in holprigen Versen zum Ausdruck zu bringen. Das Gedicht *Monolog*, 1899 in der *Gesellschaft* veröffentlicht, signalisiert einen beinahe kindlichen Ehrgeiz, mit dessen naiver Zurschaustellung er sich im Grunde nichts vergab:

Ich bin ein kindischer und schwacher Fant,
Und irrend schweift mein Geist in alle Runde,
Und schwankend fass' ich jede starke Hand.

Und dennoch regt die Hoffnung sich im Grunde,
Daß etwas, was ich dachte und empfand,
Mit Ruhm einst gehen wird von Mund zu Munde.

Schon klingt mein Name leise in das Land,
Schon nennt ihn mancher in des Beifalls Tone:
Und Leute sind's von Urteil und Verstand.

Ein Traum von einer schmalen Lorbeerkrone
Scheucht oft den Schlaf mir unruhvoll zur Nacht,
Die meine Stirn einst zieren wird zum Lohne
Für dies und jenes, was ich hübsch gemacht.[28]

Lyrik war nicht seine Sache. Aber die Hunde im Souterrain lagen jetzt an der Kette. Größeres konnte kommen.

Kapitel II

FÜRS ERSTE AUSGEDIENT
Buddenbrooks

Es hätte nicht viel gefehlt, und Thomas Mann wäre Bankbeamter geworden. Hätten nämlich die *Buddenbrooks* keinen Verleger und kein Publikum gefunden, dann hätte er für nichts garantieren können. Das Manuskript seines ersten Romans lag seit Monaten bei Samuel Fischer in Berlin, und das war fürs erste alles. Fischer rührte sich lange nicht, und Thomas Mann bekam es mit der Angst zu tun. »Wenn nun Niemand das Buch haben will?«, fragt er im Januar 1901 bang den Bruder Heinrich. »Ich glaube, ich würde Bankbeamter.«[1] Dass er dann doch die gehobene Laufbahn einschlug und Nationaldichter wurde, das verdankte er hauptsächlich diesem Roman.

Er hatte sich einiges vom Leib zu schreiben, und er ging die Sache gründlich an. Es war gewissermaßen dreifacher Mord, den er mit seinem ersten Roman beging – am Vater, am Sohn, den er noch gar nicht hatte, und am Alter Ego. Der Vater war bereits 1891 gestorben, aber Thomas Mann beerdigte ihn in der Figur des Senators Thomas Buddenbrook noch einmal; den Sohn nimmt er in Hanno vorweg und lässt ihn früh sterben; in Hanno läßt er auch sich selbst sterben beziehungsweise das, was er an sich hasste und bekämpfte: die Lebensuntüchtigkeit und das Träumertum, den Mangel an Tatkraft und das verzärtelte Wesen.

Thomas Mann hat Hanno Buddenbrook als sein anderes Ich gewogen und für zu leicht befunden. Hanno ist, zusammen mit Adrian Leverkühn, dem Helden des *Doktor Faustus*, die Figur, der Thomas Mann dennoch die meiste Sympathie entgegenbrachte; aber er hat sein kurzes Leben auch als abschreckendes Beispiel erzählt. Sei ein Mann und folge ihm nicht nach! – was Goethe über seinen Werther sagte, das dachte Thomas Mann über Hanno.

Thomas Mann war schon in jungen Jahren ein Autor, der extrem auf sich hielt, der aber gewissen Gefährdungen ausgesetzt war, über die er sich im klaren war und die er wirksam zu bekämpfen wußte. Diese Gefährdungen hat er in der Hauptfigur seines Romans künstlerisch verarbeitet. »Ich selbst«, sagt Thomas Buddenbrook zu seiner Schwester Tony, »habe manchmal über diese ängstliche, eitle und neugierige Beschäftigung mit sich selbst nachgedacht, denn ich habe früher ebenfalls dazu geneigt. Aber ich habe gemerkt, daß sie zerfahren, untüchtig und haltlos macht … und die Haltung, das Gleichgewicht ist für mich meinerseits die Hauptsache.«[2] Krankheit oder Gesundheit, das ist der Unterschied. Thomas Manns Problem und gleichzeitig sein Kapital war, dass er dazwischen stand und ein Gemisch aus beidem war.

Die Überzeugung, dass der Apfel eben doch nie weit vom Stamm fällt, ließ ihn nie los, sosehr er sich auch als aus der Art geschlagen sah. Als Schriftsteller, behauptete er gelegentlich, tue er auch nichts anderes als Kontordienst. Seine Boheme-Zeit, in der er bis nachmittags im Bett gelegen hatte, lag jedenfalls hinter ihm, und er wusste, dass er nicht der Autor war, der, in einem Anfall von Inspiration, ein Werk einfach niederschreibt. Bei ihm lagen die Dinge anders.

Nach den ersten Novellen musste ein Meisterwerk her, ein Roman am besten. Einen Plan dazu hatte er schon früh. Im Mai 1895 berichtet er Otto Grautoff von einer Familiengeschichte, die er zu schreiben gedenke: der Vater Geschäftsmann, die drei Söhne künstlerisch interessiert, aber unterschiedlich begabt, das ganze mit nach unten zeigender Lebenskurve. »Das nennt man Degeneration. Aber ich finde es verteufelt nett.«[3]

Ursprünglich sollte der Titel »Abwärts« lauten, aber das wäre zu plakativ gewesen. Der Name Buddenbrook war einer Figur aus Fontanes *Effi Briest* entlehnt und klang neutral; aber einen kleinen programmatischen Hinweis darauf, worauf das ganze hinauslaufen sollte, konnte sich Thomas Mann nicht verkneifen. »Verfall einer Familie« lautet der Untertitel, und den Verfall hatte ein Lübecker Pastor den Manns bereits attestiert. Er stamme aus einer »verrotteten« Familie, sagte er Thomas einst ins Gesicht. Diese Bemerkung taucht im Roman wieder auf.[4] Thomas Mann hat seine ganze Kunstanstrengung daran gesetzt, den Lübecker Pastor zu bestätigen. Er hatte sein Thema gefunden und sollte auch nachher überwiegend Verfallsgeschichten erzählen.

Zwei Jahre trug er den Stoff mit sich herum, bis er anfing zu schreiben. Im Kopf hatte er die von Fischer gewünschten 250 Seiten; dass es deutlich mehr werden würden, ahnte er weder bei diesem Roman noch bei den folgenden. Er brauchte die produktive Selbsttäuschung. Sie ermöglichte ihm den Anfang, was sich auch bei den Romanen *Der Zauberberg* und *Joseph und seine Brüder* als hilfreich erwies, die zunächst nur Erzählungen werden sollten und dann seine umfangreichsten Werke wurden. Er war ein Epiker, der auf die große Form aus war. Was Wagner mit seinen Riesenopern in der Musik machte, das schwebte ihm in der Literatur vor.

Das Manuskript, das er doppelseitig beschrieb, schwoll gewaltig an. Hatte sein Interesse ursprünglich nur den beiden letzten der vier Buddenbrook-Generationen, nämlich dem Senator und Firmenchef Thomas und dessen Sohn Hanno, gegolten, so merkte er mit der Zeit, dass er, um die Familiengeschichte plausibler und plastischer darzustellen, tiefer Atem holen müsse. Er machte sich Namenslisten, auf denen er hinter der Romanfigur den Namen des realen Vorbilds vermerkte und zog bei den Lübeckern von Italien und München aus Erkundigungen ein über die Stadt und die Familie Mann.

So nahm auch das, was er glaubte nur als Vorgeschichte behandeln zu brauchen, immer mehr Gestalt an. Und nach einer Zeit kam er sich vor wie Wagner, der auch nur *Siegfrieds Tod* hatte komponieren wollen und am Ende den vierteiligen *Ring des Nibelungen* fertig hatte. Zwischendurch las er

Freunden und Verwandten aus seinem Roman vor. Und diejenigen, die dabei waren, wunderten sich, wie würdevoll es dabei zuging: Thomas Mann, der sich zu dieser Zeit Thos nannte, kam immer im Frack herein. Mit ernstem Gesicht, das Manuskript unter dem Arm, begrüßte er die Zuhörer und setzte sich an den Tisch, auf dem brennende Kerzen standen. Dann fing er an zu lesen.

Eigentlich hatte er alle Seiten noch einmal abschreiben wollen, unterließ es aber, weil es so viele geworden waren. Und so schickte er sein einziges Manuskript am 13. August 1900 an den Verlag S. Fischer nach Berlin. Er schloß noch eine Postversicherung über eintausend Mark ab, über die, so erzählte er später, der Schalterbeamte gelächelt habe.

Aber das Manuskript war zu lang, viel zu lang. Samuel Fischer hatte es halb gelesen, da schickte er Thomas Mann, der inzwischen zum Militärdienst eingezogen worden war und krank im Lazarett lag, einen Brief, in dem er ihn bat, das Ganze zu halbieren. Einen so umfangreichen Roman würde kein Mensch mehr lesen. Thomas Mann bot alle Überredungskraft auf, Fischer umzustimmen. Der Verleger gab, ohne dass er überzeugt gewesen wäre, nach.

Die *Buddenbrooks*-Zeit war für ihn keine glückliche. Er litt an sich und der Welt. Die drei Jahre, in denen er, zum großen Teil in Italien, wo er sich mit seinem Bruder Heinrich herumtrieb, am Roman schrieb, waren, wie er Grautoff anvertraute, seine »gekränktesten, scheuesten, einsamsten«[5]. Das war wohl übertrieben. Aber es war eine Zeit, in der sich herausstellen sollte, ob die Schriftsteller-Existenz überhaupt etwas für ihn war. Er war jetzt 25 Jahre alt und sich seiner Sache alles andere als sicher. Im Grunde nämlich – und das macht die Sache zusätzlich interessant – hasste er sein Literaten-Dasein, zumindest in der Frühphase, und hatte es im Verdacht, dass es ihn innerlich noch mehr aushöhlte, als er sich ohnehin schon fühlte, und dass es ihn noch einsamer machte.

Denn so fühlte er sich. Deshalb nahm er auch jede menschliche Regung an sich mit freudigem Erstaunen wahr. Am 13. Februar 1901 schreibt er an Heinrich: »Wenn der Frühling kommt, werde ich einen innerlich unerhört bewegten Winter hinter mir haben. Depressionen wirklich arger Art mit vollkommen ernst gemeinten Selbstabschaffungsplänen haben mit einem unbeschreiblichen, reinen und unverhofften Herzensglück gewechselt, mit Erlebnissen, die sich nicht erzählen lassen, und deren Andeutung natürlich wie Renommage wirkt. Sie haben mir aber Eines bewiesen, diese sehr unlitterarischen, sehr schlichten und lebendigen Erlebnisse: nämlich, daß es in mir doch noch etwas Ehrliches, Warmes und Gutes giebt und nicht bloß ›Ironie‹, daß in mir doch noch nicht alles von der verfluchten Litteratur verödet, verkünstelt und zerfressen ist. Ach, die Litteratur ist der Tod!«[6]

Heinrich erkundigte sich sofort nach den Selbstmordabsichten, aber ganz so schlimm war es dann doch nicht. Was allerdings enorm war, das war seine Angst vor der inneren Verödung, die ihn auf Schritt und Tritt verfolgte und bis ins hohe Alter nicht losließ. Nichts konnte ihn mehr treffen als der Vorwurf – denn als Vorwurf empfand er es –, er sei ein kalter, kalkulierender Autor, der nur mit seinem Intellekt zu Werke geht und nicht mit Gefühl. Zwar hatte er darauf eine Antwort parat – dass nämlich das Gefühl künstlerisch unbrauchbar sei –; aber das schlechte Gewissen nagte an ihm und stellte ihn permanent unter Selbstverdacht.

Das war freilich der Preis für die Größe, die er mit den *Buddenbrooks* erstmals ins Visier nahm und auf Anhieb erreichte: ein Leben fernab vom Leben, vom gewöhnlichen Leben der Naiven und Gesunden jedenfalls, wie er es sich vorstellte. Seine literarische Produktion war für ihn denn auch etwas, mit dem er versuchte, Brücken zu diesem Leben zu schlagen. Aber ausgeliefert war er der Literatur, das wusste er und wollte es auch gar nicht anders, obwohl er sich vor ihr fürchtete. Was hätte er auch sonst machen sollen? »Mir graut vor dem Tage«, fährt er in dem Brief an Heinrich fort, »und er ist ja nicht fern, wo ich wieder allein mit ihr eingeschlossen sein werde, und ich fürchte, daß die egoistische Verödung und Verkünstelung dann rasche Fortschritte machen wird«.[7]

Aber die schlechte Stimmung legte sich, als Fischer den Roman im Oktober 1901 tatsächlich herausbringen wollte, und zwar ungekürzt. »Ich werde mich photographiren lassen«, witzelt er gegenüber Heinrich, »die Rechte in der Frackweste und die Linke auf die drei Bände gestützt; dann kann ich eigentlich getrost in die Grube fahren.«[8] Dass er sich hier über seinen eigenen Ehrgeiz lustig macht, sollte nicht zu der Annahme verleiten, er hätte gar keinen. Halb im Spaß, halb aber auch im Ernst redet er von sich, als wäre er ein Großwildjäger, der nach erfolgreicher Jagd posiert, ein Bein auf dem erlegten Wild und den Blick fest der Kamera zugewandt. Warum auch nicht! Er hatte einen Roman in der Schublade, über dessen Bedeutung er sich nicht zu belügen brauchte. Wie ein Weitspringer, der einen großen Satz gemacht hat und nun, innerlich bereits jubelnd, äußerlich gefasst, auf das offizielle Ergebnis wartet – so hat man ihn sich vorzustellen.

Und sein Gefühl hat ihn nicht getrogen. Am 27. März 1901 meldet er Heinrich, was der Fischer-Lektor Moritz Heimann von dem Buch halte: Es sei »eine hervorragende Arbeit, redlich, positiv und reich«. Mit anderen Worten: ein Qualitätsprodukt.

Thomas Mann fährt fort, der Lektor bewundere es, »daß der Zug zum Satirischen und Grottesken *die große epische Form nicht nur nicht stört, sondern sogar unterstützt*. Dies Letzte«, und nun sieht er sich vollends bestätigt, »ist mein besonderer Stolz. Also Größe trotz der Gipprigkeit!«[9] Gippern, das war die Geheimsprache, in der sich Thomas mit Heinrich und Grautoff verständigte, ein satirischer Slang, mit dem sich die Jungen über alles Mögliche lustig machten. Größe trotz Gipprigkeit – das hieß, es war ihm gelungen, das Private so darzustellen, dass es von allgemeinem Belang, dass es geistes- und mentalitätsgeschichtlich repräsentativ war.

Hatten seine ersten beiden Novellenbände, von denen der zweite im Frühjahr 1903 erscheinen sollte und auf die er nur bedingt etwas gab, ihn auch bekannt gemacht und ihm Respekt eingetragen – berühmt wurde er mit seinem Roman, der breit angelegten, fein gesponnenen Geschichte der Lübecker Kaufmanns- und Senatoren-Familie Buddenbrook, die über vier Generationen einen körperlichen und wirtschaftlichen Verfall erlebt, den der Autor mit einfühlsamer Pedanterie schildert.

Die *Buddenbrooks* katapultierten ihn gewissermaßen in die erste Liga und sicherten ihm, wie überhaupt der deutschsprachigen Literatur, den Anschluss an die Weltliteratur. Sie sind (und bleiben wahrscheinlich auch) das erstaunlichste literarische Debüt – wenn man den Roman noch als Debüt bezeichnen darf. Mochte auch Georg Büchner seine Dramen in ganz jungen Jahren geschrieben haben, mochte auch Hugo von Hofmannsthal beinahe noch als Halbwüchsiger überreife, überfeinerte, lebensmüde und sehr erlesene Lyrik verfasst und die Welt damit verblüfft haben – die *Buddenbrooks* sind das Werk, das am wenigsten auf einen jungen Autor schließen lässt, ein Wunder geradezu an Reife und schriftstellerischer Sicherheit, das einen langen Atem verlangte.

Kein Wunder, wenn der Bruder Heinrich später sagte, nach diesem Buch habe er Thomas nie wieder am Leben leiden sehen, was so natürlich nicht stimmt. Aber diese Bemerkung zielte auf sein Selbstbewusstsein als Schriftsteller, auf das es ihm von Anfang an ankam, das er bis dahin mühsam ausbalanciert hatte und das ihm nachher, in der Zeit zwischen den *Buddenbrooks* und dem *Zauberberg*, immer wieder zu schaffen machte. Nun wusste er: Er war ein bedeutender Autor. Er hatte sich freigeschrieben, in mehr als einer Hinsicht. Der im Herbst 1901 bei S. Fischer zunächst in zwei Bänden erschienene, später einbändige Roman verkaufte sich, nach kurzen Startschwierigkeiten, überraschend gut und machte ihn zu dem, was er immer werden wollte: zu einem Nationalschriftsteller.

Hier überließ er nichts dem Zufall. Grautoff, seinem literarisch dilettierenden Schulfreund aus Lübecker Tagen, den er immer schon bevormundet hatte, diktierte er in die Feder, wie dieser den Roman zu besprechen habe, nämlich als ein deutsches Qualitätsprodukt, das zwar Anleihen mache bei der internationalen Konkurrenz, aber doch etwas spezifisch Nationales aufweise, etwas handwerklich sehr Solides.

Empfindlich wachte er darüber, dass er und sein Werk nicht missverstanden werden. Kurt Martens, Münchner Schriftsteller-Kollege, Feuilletonist und eine Zeit lang der vertrauteste Freund, hatte im Frühjahr 1906 für das *Leipziger Tageblatt* über die »Gebrüder Mann« geschrieben und Thomas einen Mangel an Wärme attestiert, was dieser sofort konterte: »Es geht nicht an, mir ›eisige Menschenfeindschaft‹ und ›Lieblosigkeit gegen alles Fleisch und Blut‹ nachzusagen, die durch Kunstfanatismus ›ersetzt‹ werde. … Es geht nicht an, ›Buddenbrooks‹ ein ›zersetzendes‹ Buch zu nennen. … Dazu ist es zu positiv-künstlerisch, zu behaglich-plastisch, im Innersten zu heiter. Muß man Dithyramben schreiben, um als Lebensbejaher zu gelten?«[10]

Dithyramben, jene rauschhaft-hymnischen Dichtungen auf das Leben, die Nietzsche geschrieben hatte, waren seine Sache nicht, aber Lebensfeindschaft war es auch nicht. Die *Buddenbrooks* sind, allem Humor zum Trotz, ein skeptisches, pessimistisches und aufgrund ihres analytischen Charakters auch zersetzendes Buch. Thomas Mann hat den intellektuellen Charakter seiner Kunst auch später immer wieder heruntergespielt und sich naiver gemacht, als er war.

Er hatte sich jedenfalls freigeschrieben – von Lübeck, von der Konkurrenz mit dem bereits erfolgreichen älteren Bruder Heinrich und von den eigenen Selbstzweifeln. Vor allem aber hatte er ein Mittel gefunden, mit dem er sich die Welt gewissermaßen vom Hals halten konnte. Als Schopenhauer- und Nietzsche-Leser wusste er, dass die Kunst ein Kniff zur Daseinsbewältigung ist, etwas, bei dem man Zuflucht nehmen konnte wie ein Zuschauer, der nicht mittun will im allgemeinen Theater – frei nach Goethe: Was im Leben uns verdrießt, man im Bilde gern genießt. Ursprünglich wollte Thomas Mann dem Roman eine Strophe von August von Platen als Motto beigeben, die sein Lebensgefühl auch für die spätere Zeit noch sehr gut trifft:

So ward ich ruhiger und kalt zuletzt,
Und gerne möcht' ich jetzt
Die Welt, wie außer ihr, von ferne schaun:
Erlitten hat das bange Herz
Begier und Furcht und Graun,
Erlitten hat es seinen Teil von Schmerz,
Und in das Leben setzt es kein Vertraun;
Ihm werde die gewaltige Natur
Zum Mittel nur,
Sich aus eigner Kraft eine Welt zu baun.

Das Gedicht stand schon, mit Bleistift geschrieben, im Manuskript, aber Thomas Mann ließ es dann weg. Warum, dazu hat er sich nicht geäußert. Womöglich lag es daran, dass Platen als homosexueller Schriftsteller im Wilhelminismus mit Vorsicht zu genießen und Thomas Mann das Risiko, mit einer entsprechenden Reverenz unnötig das Publikum zu irritieren, zu groß war. Was nämlich dies betraf, so hatte er vorsichtig zu sein, und er war es auch, ließ sich nur indirekt, nämlich in seinen Werken, über das Thema aus – hier allerdings recht deutlich – und hielt ansonsten den Mund, hielt den Mund auch, als ihm Kritiker wie Alfred Kerr und Theodor Lessing effeminiertes Gehabe nachsagten. Da hätte es sich nicht gut gemacht, sich als Liebhaber eines Lyrikers zu erkennen zu geben, den Heinrich den »Ritter vom heiligen Arsch« nannte. Platen war ein vertrackter, hoch problematischer Autor, dessen Maxime sich Thomas Mann aber zu Eigen machte: Es kenne mich die Welt, auf dass sie mir verzeihe!

Das Platen-Gedicht kam ihm am Ende wohl auch zu prätentiös vor, zu pathetisch; dafür war er dann doch zu nüchtern. Es hätte seiner Überzeugung widerstrebt, mit diesen sehr schönen, aber auch etwas wehleidigen Zeilen unter die Leute zu gehen und deren Leseerwartungen – sofern es an diesen Debütanten überhaupt schon welche gab – von Anfang an in Bahnen zu lenken, die im Fatalismus endeten. Da war es besser, Grautoff das Nötige aufzutragen und ihn auf den pessimistischen Unterton des ganzen Buchs hinweisen zu lassen. »Tadle«, schrieb er dem, »ein wenig (wenn es Dir recht ist) die Hoffnungslosigkeit und Melancholie des Ausganges. Eine gewisse *nihilistische* Neigung sei bei dem Verf. manchmal zu spüren. Aber das Positive und Starke an ihm sei sein *Humor*.«[11]

Viel zu lachen gab es in der Tat, allerdings nicht für die Lübecker, die sich bloßgestellt fühlten von den Charakterisierungen des Personals und dabei keineswegs unter Verfolgungswahn litten. Am schlimmsten war sein Onkel Friedrich getroffen, der Christian Buddenbrook unfreiwillig Modell gestanden hatte und seinem Neffen zwei Jahre nach Erscheinen des Romans eine Postkarte schickte: »Ein trauriger Vogel, der sein eigenes Nest beschmutzt.«[12] Und noch Jahre später, am 28. Oktober 1913, lässt er in den *Lübeckischen Anzeigen* einen Artikel schalten, in dem er sich darüber auslässt, welche Unannehmlichkeiten er seit dem Erscheinen der »Buddenbrocks« [sic] immer noch habe. Er wolle sich deshalb an das Lübecker Lesepublikum wenden und es vor dem Buch warnen.

In der Tat kommt Christian Buddenbrook nicht besonders gut weg in dem Roman. Dieser eingebildete Kranke, dem abwechselnd elend und albern zumute ist und vor dem niemand Respekt hat, gerät streckenweise zur Witzfigur, deren unvorteilhaftes Äußere ein ums andere Mal kommentiert wird: »Christian hatte sich durchaus nicht verschönt. Er war hager und bleich.«[13] Doch hatte Thomas Mann mit dieser Figur genauso viel von sich preisgegeben wie mit der des Thomas, was den Lübeckern in dieser Form aber natürlich nicht bewusst war.

Im Grunde waren es zwei Seiten einer Persönlichkeit, die Thomas Mann raffiniert auf zwei Figuren verteilt hatte. Mochten sie bei oberflächlicher Betrachtung als Gegensatzpaar erscheinen, so bargen sie doch eine geheime Identität – ein Kunstgriff, den er im *Doktor Faustus* noch einmal anwenden sollte. »Ich bin geworden wie ich bin«, sagt Thomas zu Christian, »und seine Stimme klang bewegt, ›weil ich nicht werden wollte wie du. Wenn ich dich innerlich gemieden habe, so geschah es, weil ich mich vor dir hüten muß, weil dein Sein und Wesen eine Gefahr für mich ist‹ …«[14] Während Thomas sich am Riemen reißt und mit Mühe die Fassade bürgerlicher Ehrbarkeit aufrecht erhält, obwohl er innerlich längst abgewirtschaftet hat, lässt Christian sich von vornherein gehen und bringt vor der Zeit sein Erbe durch.

Onkel Friedrich jedenfalls nannte ihn nach zwölf Jahren noch einen Nestbeschmutzer. Auch andere in der Heimat dachten so und konnten sich so gar nicht freuen über das literarische Denkmal, das Thomas Mann ihnen und ihrer Stadt gesetzt hatte. Regelrechte Entschlüsselungslisten machten die Runde, auf denen die Porträtierten aufgeführt waren. Allein Elisabeth Mann, die Schwester des Vaters und Vorbild für Tony Buddenbrook, hatte nichts gegen ihre literarische Verewigung einzuwenden.

Thomas Mann muss es bitter enttäuscht haben, dass man den außerordentlichen Kunstverstand, den er an seinen Roman gewandt hatte, in Lübeck nicht zur Kenntnis nehmen wollte oder konnte. In einer Mischung aus Bosheit und Naivität hatte er seinen Roman niedergeschrieben und war sich keiner Schuld bewusst, jedenfalls tat er so. Tatsächlich sind die *Buddenbrooks*, neben manchem anderen, ein Schlüsselroman, der zwar Lübeck gar nicht namentlich nennt, aber eben doch dort spielt. Das konnte auch der Autor nicht leugnen. Im Gegenteil, er nutzte die Gelegenheit zu einer grundsätzlichen Stellungnahme in Sachen Kunstverständnis, verglich sich, erstmals öffentlich, mit Goethe und flocht einige Seitenhiebe auf die Lübecker ein: »Ich verzeihe es Mittelstadt-Advokaten und alten Jungfern, wenn sie ein Kunstwerk nicht losgelöst aus bürgerlichen Beziehungen zu würdigen vermögen.«[15]

Umso erfreulicher, dass am 13. September 1902 im *Berliner Tageblatt* eine Besprechung erschien, die an Feinfühligkeit und Verständnis wohl noch nicht einmal bei ihm etwas zu wünschen übrig ließ. Sie stammte von dem Literaturkritiker Samuel Lublinski und enthielt die Prophezeiung, das Buch werde »wachsen mit der Zeit und noch von vielen Generationen gelesen werden«. Obwohl er Lublinski gar nicht besonders schätzte, war Thomas Mann ihm so dankbar, dass er sich ein Jahrzehnt später auf eine sinnlose Streiterei mit dem Publizisten Theodor Lessing einließ, der Lublinski angegriffen hatte und den Thomas Mann verteidigen zu müssen glaubte. Seine Gereiztheit wegen dieser Auseinandersetzung zeigt sich noch im Spätsommer 1933, als Lessing in Marienbad von Nazis ermordet wird. Im Tagebuch vom 1. September lässt er sich zu einer Bemerkung hinreißen, die auch seine größten Anhänger in Verlegenheit bringen dürfte: »Mir graust vor einem solchen Ende, nicht weil es das Ende, sondern weil es so elend ist und einem Lessing anstehen mag, aber nicht mir.«

Auch von Rainer Maria Rilke erschien 1902 eine lobende Besprechung, die seine Enttäuschung über die heimatlichen Reaktionen aber genauso wenig lindern konnte. Er hatte sich ein für allemal dafür entschieden, zwischen Leben und Kunst zu unterscheiden und erwartete dies auch von seinem Publikum: »Wenn ich«, fragte er, »aus einer Sache einen Satz gemacht habe – was hat die Sache noch mit dem Satz zu tun?«[16] *Bilse und ich*, heißt die im Februar 1906 in den *Münchner Neuesten Nachrichten* erschienene Streitschrift, die sein erster bedeutender Essay ist, mit dem er die *Buddenbrooks* verteidigt. Der Titel geht zurück auf den schriftstellernden Leutnant Fritz Oswald Bilse. Dieser stand wegen seines Romans *Die kleine Garnison* vor einem Lübecker Gericht, weil er darin eben diese kleine Garnison verunglimpft hatte – ein literarisch wertloses Buch, das der Ankläger aber trotzdem mit den *Buddenbrooks* verglichen hatte, und das wollte Thomas Mann nicht auf sich sitzen lassen.

Das Verhältnis zu seiner Heimatstadt war jedenfalls gründlich gestört und blieb es auch. Als die Alliierten 1942 ihre Bomben über Lübeck abwarfen, kümmerte ihn das nicht sonderlich. Man müsse, dachte er sich, für alles im Leben bezahlen. Auch die Ehrenbürgerschaft, welche die Stadt ihm kurz vor seinem Tod doch noch verlieh und die ihn freute, aber nicht versöhnte, konnte die Sache nicht mehr retten. Ein fast achtzigjähriger Mann tritt am 20. Mai im Lübecker Rathaus vors Publikum und hält eine Rede, die reichlich kühl ausfällt und bei der die alte Kränkung aus jedem Satz herauszuhören ist. Wie in seinen Werken, so spricht er auch bei dieser Gelegenheit nur von sich. »Nicht von euch«, hatte er den Lübecker Philistern schon ein halbes Jahrhundert vorher eingetrichtert, »ist die Rede, gar niemals, seid des nun getröstet, sondern von mir, von mir …«[17]

Dass der Roman über bloße Selbstbespiegelung hinausging, das war seinem Bedürfnis nach Repräsentativität zu verdanken: Thomas Mann wollte allein sein, aber für viele stehen; was er zu sagen hatte, sollte nicht nur für ihn gelten, sondern auch für seine Zeit. Nur von sich zu reden, ohne den Anspruch, damit etwas Repräsentatives zu sagen, das wäre ihm zu wenig gewesen. Zeitkritik war für ihn immer Selbstkritik, was er über die Welt sagte, das enthielt immer auch eine Wahrheit über ihn selbst. Und das Vehikel dieser Selbstkritik ist der Senator Thomas Buddenbrook, in dem sich Thomas Mann dreifach spiegelt. Er ist für ihn Vater, Sohn und Doppelgänger, vor allem aber Doppelgänger.

Thomas Buddenbrook ist ein Held, wie Thomas Mann ihn einzig noch gelten lassen konnte: ein moderner Held des »trotzdem«, keiner mit Bärenkräften, dem alles mühelos gelingt, sondern ein nervöser, der seine Schwäche überwindet. Er ist Thomas Manns komplexeste Figur, der man nicht leicht auf die Schliche kommt. Er ist ein Einsamer, der gewillt ist, eine bedeutende Rolle im gesellschaftlichen Leben zu spielen; ein kranker, innerlich frühzeitig ausgehöhlter Mann, der mit viel Disziplin durchhält, die Etikette wahrt und dennoch von einem Schlaganfall buchstäblich in den Schmutz gezogen wird. »Wie er aussah, als sie ihn brachten!«, entsetzt sich seine Frau, die Geige spielende Gerda. »Sein ganzes Leben lang hat man nicht ein Staubfäserchen an ihm sehen dürfen … Es ist ein Hohn und eine Niedertracht, daß das Letzte *so* kommen muß …!«[18] Mit dem Letzten hat sie ohnehin und hat auch der Senator selbst gerechnet. Auch Thomas Mann duldete kein Staubfäserchen an sich. Er kleidete sich gut und konnte sich das auch gar nicht anders vorstellen. Er wollte sich zumindest äußerlich schadlos halten, weil er sich innerlich beschädigt fühlte. »Man ist als Künstler innerlich immer Abenteurer genug«, lässt er den Helden seiner 1903 erschienenen Erzählung *Tonio Kröger* sagen. »Äußerlich soll man sich gut anziehen, zum Teufel, und sich benehmen wie ein anständiger Mensch.«[19]

Die *Buddenbrooks* sind über weite Strecken eine präzise Chronik des Bürgertums aus dem 19. Jahrhundert. Thomas Mann hat das später immer wieder heruntergespielt und etwas zu viel von der bürgerlichen Entartung zum Künstlerischen geredet. Dass die Gesellschaftskritik seine Sache nicht war, das wusste er und sollte dies mit seinen *Betrachtungen eines Unpolitischen,* diesem gleich nach dem Ersten Weltkrieg erschienenen Riesenessay, eindrucksvoll beweisen.

Was sein Romanpersonal betrifft, so erfand er es nicht – er fand es; und was er auch daraus machte, immer geriet es ihm zu einem verschlüsselten Selbstporträt, das seine verborgenen Seiten und Regungen enthielt und das mit der Zeit immer raffinierter ausfiel. »Sagt nicht immer:«, schließt er seine *Bilse*-Schrift, »Das bin ich, das ist jener. Es sind nur Äußerungen des Künstlers gelegentlich eurer. Stört nicht mit Klatsch und Schmähung seine Freiheit, die allein ihn befähigt, zu tun, was ihr liebt und lobt, und ohne die er ein unnützer Knecht wäre.«[20]

Denn so kam er sich tatsächlich vor, sobald er nicht am Schreibtisch saß. Ein tiefes Misstrauen war ihm eingepflanzt gegen ein Künstlertum, das ihm zumindest in seiner Frühzeit als unseriös erschien. Rechnet man die Portion Koketterie, die immer in Thomas Manns Selbstauskünften mitschwingt, ab, dann haben wir in der kleinen Schrift *Im Spiegel* von 1907 ein Selbstporträt: »Ein Dichter ist, kurz gesagt, ein auf allen Gebieten ernsthafter Tätigkeit unbedingt unbrauchbarer, einzig auf Allotria bedachter, dem Staate nicht nur nicht nützlicher, sondern sogar aufsässig gesinnter Kumpan, der nicht einmal sonderliche Verstandesgaben zu besitzen braucht, sondern so langsamen und unscharfen Geistes sein mag, wie ich es immer gewesen bin, – übrigens ein innerlich kindischer, zur Ausschweifung geneigter und in jedem Betracht anrüchiger Scharlatan, der von der Gesellschaft nichts anderes sollte zu gewärtigen haben – und im Grunde auch nichts anderes gewärtigt – als stille Verachtung. Tatsache ist aber, daß die Gesellschaft diesem Menschenschlage die Möglichkeit gewährt, es in ihrer Mitte zu Ansehen und höchstem Wohlleben zu bringen. Mir kann es recht sein; ich habe den Nutzen davon.«[21]

Viel anders redet ein Rockstar auch nicht, der sich mit einer subversiven Gesinnung interessant machen will. Und so kommt einem Thomas Mann auch manchmal vor, weil er kaum ein Interview auslassen konnte und die Öffentlichkeit mit Selbstauskünften reichlich versorgte. Es drängte ihn in die Öffentlichkeit; aber sobald er mit ihr zu tun hatte, merkte er, dass er zu dünnhäutig für sie war.

Die Vorbehalte gegen seinen Beruf sind indes keineswegs gespielt und eine der tieferen Ursachen für seine Ironie. Es ist eine Ironie nach beiden Seiten, die auch den bloßstellt, der kritisiert, und das ist er meistens selbst. Mit den *Buddenbrooks* ist ihm erstmals ein ironisches Werk gelungen, das keine Seite ungeschoren davonkommen lässt – die erste Generation Johann Buddenbrooks nicht, die noch ganz in der Aufklärung wurzelt, der aber der Sinn für gedankliche Tiefe fehlt; die zweite, von Jean und der Konsulin verkörperte nicht, die sich bereits der Selbstbespiegelung hingibt, sich aber immer hart an der Grenze zur Frömmelei bewegt; selbst die dritte und vierte Generation, von Thomas und Hanno verkörpert, verfallen seiner Kritik, die alle nur denkbare Sympathie für ihre Schwäche aufbringt, aber ihnen auch die Grenze aufzeigt, an der sie schließlich scheitern. Denn dass beide gescheiterte Figuren sind, daran lässt der Erzähler keinen Zweifel: Thomas reibt sich auf in seinem Kaufmannsberuf und spürt bereits die künstlerischen Neigungen in sich, denen Hanno sich ganz ergibt, ohne dass er dafür das rechte Talent hätte; sein Klavierspiel reicht nur für den Hausgebrauch.

In diesem Figuren-Ensemble steckt eine tiefe Hoffnungslosigkeit, und in der Tat sind die *Buddenbrooks* ein trostloses Buch – wenn da nicht Hannos Schulfreund Kai Graf Mölln wäre, ein robuster Geschichtenerzähler, der nebenher schriftstellerisch tätig ist und sich ansonsten über alles lustig macht, ein Spötter, für den die Welt nur Erzählstoff ist, dem, wie Platen sagt, »die gewaltige Natur zum Mittel« wird, »sich aus eigner Kraft eine Welt zu bau'n«. Die Leidensfähigkeit, die Hanno schließlich übermannt, geht ihm ab. »Nein«, heißt es im Roman, »Kai Graf Mölln war ein wenig bissiger!«[22] Der kleine Graf weist in jene Zukunft, welche die *Buddenbrooks* ihrem Autor glänzend eröffneten und die sie als Romanpersonal nicht mehr hatten. Mag Thomas Mann seine Wesenszüge auf Thomas, Christian und Hanno Buddenbrook verteilt haben – versteckt hat er sich hinter einer Nebenfigur: Er ist Kai Graf Mölln, und es ist ein dezenter Schachzug von ihm, dass er dafür eine so unauffällige Figur wählte. Das Leiden hatte er hinter sich, Thomas, Christian und Hanno hatten abgewirtschaftet, die Karriere konnte kommen.

Und sie kam. Für die *Buddenbrooks* bekam Thomas Mann 1929 den Nobelpreis für Literatur, und zwar auf Veranlassung des einflussreichen schwedischen Germanisten Frederik Böök ausschließlich für diesen Roman, nicht etwa auch für den *Tod in Venedig* und auch nicht für den *Zauberberg*. Wenn wir dem glauben können, was er in seiner kurze Zeit später erschienenen autobiographischen Schrift *Lebensabriß* dazu äußerte, dann war der Preis für ihn eine Selbstverständlichkeit: »Sie lag wohl auf meinem Wege – ich sage es ohne Überheblichkeit, aus gelassener, wenn auch nicht uninteressierter Einsicht in den Charakter meines Schicksals, meiner ›Rolle‹ auf Erden, zu der nun einmal der zweideutige Glanz des Erfolges gehört …«[23] Gespielte Bescheidenheit war seine Sache nie.

Im Grunde seines Herzens aber wusste Thomas Mann, dass seine Mitteilungsfähigkeit auch bei einem so intimen und differenzierten Werk, wie es dieser Roman war, an Grenzen stoßen musste. Er fühlte sich, in einem generellen Sinne, unverstanden. »Die Auflagen von ›Buddenbrooks‹ sind ein

Mißverständnis«, schreibt er im Dezember 1903 an Heinrich.[24]

Aber der Nobelpreis war ohnehin nur das sichtbarste und im Übrigen ja auch ziemlich späte Zeichen für einen Erfolg, für den er einen Preis zu zahlen hatte. Die Messlatte lag nun so hoch, dass vieles, was danach kam, ihm wie ein Abstieg erscheinen musste. Wie ein Tennisspieler, der mit siebzehn Jahren das Turnier von Wimbledon gewinnt, so kommt einem sein Romandebüt vor. Auch seine beiden wohl berühmtesten Novellen, der *Tonio Kröger* und der *Tod in Venedig*, änderten nichts an der langen Durststrecke, die auf ihn zukam. Sowas nennt man in der Popmusik ein »one hit wonder«, und das drohte ihm womöglich auch. Eine Eintagsfliege war er vielleicht nur, einer, der hochfliegende Pläne geschmiedet, aber sein Pulver schon beim ersten Schuß verschossen hatte – das waren Selbstzweifel, in die er nur seinen Bruder Heinrich einweihte, dem er gegen Ende des Jahres 1905 schreibt: »Ich bin nun dreißig. Es ist Zeit, auf ein Meisterwerk zu sinnen.«[25]

Dass die *Buddenbrooks* dieses Meisterwerk waren, das wusste er selbst am besten. Und andere wussten das auch. Es war zu Anfang des Jahres 1944 – Thomas Mann ist längst im kalifornischen Exil –, als der todkranke Kollege Franz Werfel das Buch noch einmal lesen will. Thomas Mann besucht ihn gelegentlich, und einmal spricht Werfel davon, wie merkwürdig es für ihn sei, den Verfasser dieses unsterblichen Meisterwerks leibhaftig vor sich zu sehen. Im Tagebuch vom 11. Januar 1944 notiert er: »Ich sinne darüber, ob es nicht dies Buch, unter allen von mir, ist, das bleiben wird. Vielleicht blieb mir danach nur noch, ein nachfolgendes langes Leben leidlich würdig und interessant zu erfüllen.«

Er steckte in einer Schreibkrise, die lange anhielt. Nichts, was ihn vollauf zufriedengestellt hätte. Sein zweiter, 1909 fertiggestellter Roman *Königliche Hoheit* sollte sein schwächster werden und kam ihm selbst verlogen vor. Erst mit dem *Zauberberg* war er sich seiner wieder ganz sicher. Und der erschien Ende 1924. Dabei war es durchaus nicht so, dass ihm die Welt in dieser Zeit den Respekt versagt hätte – er war berühmt, bekam Zugang zu den ersten Kreisen Münchens und ging auf Lesereisen –, er selbst versagte ihn sich und maß sich nur an diesem ganz großen Wurf, von dem er lange Zeit annahm, dass es sein einziger bleiben würde. Bald wünschte er sich zurück in die *Buddenbrooks*-Zeit, die ihm auf einmal naiv vorkam, wie eine Phase der fröhlichen Selbstfindung, in der ihm noch alles offenstand.

Doch er wusste auch diese Erfahrung produktiv zu nutzen. Die 1905, im hundertsten Todesjahr Schillers und zu dessen Ehren, entstandene Novelle *Schwere Stunde* handelt von einem Schriftsteller in der Schreibkrise. Es ist Schiller, es ist aber auch Thomas Mann: »Die Jahre der Not und der Nichtigkeit, die er für Leidens- und Prüfungsjahre gehalten, sie eigentlich waren reiche und fruchtbare Jahre gewesen; und nun, da ein wenig Glück sich herniedergelassen, da er aus dem Freibeutertum des Geistes in einige Rechtlichkeit und bürgerliche Verbindung eingetreten war, Amt und Ehren trug, Weib und Kinder besaß, nun war er erschöpft und fertig. Versagen und verzagen – das wars's, was übrigblieb.«[26] Thomas Mann versagte und verzagte nicht, aber seine Selbstzweifel hielten an und erreichten erst Jahre später ihren Höhe- beziehungsweise Tiefpunkt, als er, an einem Novembertag des Jahres 1913, dies an Heinrich schrieb: »Ich bin ausgedient, glaube ich, und hätte wahrscheinlich nie Schriftsteller werden dürfen.«[27]

Kapitel III

VERGLEICHE DICH! – HEINRICH

Eines Nachts hatte Thomas Mann ein merkwürdiges Erlebnis. »Mir träumte«, vermeldet das Tagebuch am 30. September 1918, »ich [sei] in bester Freundschaft mit Heinrich zusammen und ließe [ihn] aus Gutmütigkeit eine ganze Anzahl Kuchen, kleine à la crême und zwei Bäcker-Tortenstücke, allein aufessen, indem ich auf meinen Anteil verzichtete.« Für jemanden, der selber gerne Kuchen isst, muss das ein Alptraum sein, und so war es auch: »Gefühl der Erleichterung beim Erwachen«. Von bester Freundschaft mit Heinrich konnte wahrlich keine Rede sein und von Gutmütigkeit auf Seiten Thomas' auch nicht. Es herrschte Funkstille zwischen den beiden Brüdern, die in derselben Stadt wohnten und sich höchstens zufällig sahen, so zum Beispiel an einem Novemberabend in den Münchner Kammerspielen: »Heinrich mit seiner Frau war im Theater, was mich etwas störte«, steht am 14. November 1918 im Tagebuch. Wie ein Gespenst taucht Heinrich immer wieder auf und erschreckt den Bruder: »Glaubte auf dem abendlichen Heimweg am Fluß von hinten Heinrich zu erkennen u. ging in Erregung schnell vorbei.« So am 18. April 1921. Ein dreiviertel Jahr dauert es da noch, bis sich die Brüder wieder versöhnen.

Die Fixierung auf den Bruder hat etwas Eigensinniges, mitunter sogar etwas Manisches. Thomas Mann wollte für sich sein und nahm in seiner Einsamkeit nur Heinrich wahr. Denn dass dieser nicht nur sein größter literarischer Konkurrent war, sondern auch sein einziger, jedenfalls der einzige, den er ernst nahm, das war lange Zeit Tatsache. Bis weit in seine zweite Lebenshälfte hinein gibt es außer Heinrich niemanden, den er als vergleichbar, geschweige denn als ebenbürtig anerkennt, und zwar aus ererbtem Hanseatenhochmut heraus: Dem Senatorensohn erscheint alles, was nicht Seinesgleichen ist, als minderwertig. Es ist aber auch Selbstschutz. Lebt man denn, wenn andere leben?, hatte Goethe gesagt, und Thomas Mann dachte genauso. Es fällt auf, dass er den großen Schriftstellern seiner Zeit aus dem Weg geht.

In den *Buddenbrooks* wird das Thema Bruderhass bereits ausgiebig behandelt. Thomas Mann lässt Thomas und Christian Buddenbrook immer wieder und mit zunehmender Heftigkeit aneinandergeraten: »Es gibt viele häßliche Dinge auf Erden, dachte die Konsulin Buddenbrook, geborene Kröger. Auch Brüder können sich hassen oder verachten; das kommt vor, so schauerlich es klingt. Aber man spricht nicht davon. Man vertuscht es. Man braucht nichts davon zu wissen.«[1]

In München war es bekannt, dass die Brüder Mann nicht gut miteinander konnten, und Julia Mann, die Mutter, wusste das auch und litt wohl auch darunter, wie die Konsulin Buddenbrook darunter litt, dass ihre Söhne sich nicht vertrugen. Im November 1904 bittet die Mutter Julia den älteren Heinrich gewissermaßen auf Knien, dass er sich ja nicht abwende von Thomas.

Die Differenzen und Spannungen zwischen den beiden haben lange Wurzeln, sie reichen zurück bis in die *Buddenbrooks*-Zeit und noch weiter. Und Thomas Mann verlieh ihnen, als der Jüngere, Empfindsamere, geradezu alttestamentarische Dimensionen; man denkt an Kain und Abel oder an Jakob und Esau, an den Kampf zweier Brüder um die Liebe und Anerkennung des Vaters, die nur einem gelten kann. Und dieser eine, das war Thomas; zumindest kam es dem so vor. Am 25. Mai 1919, auf dem Tiefpunkt des Verhältnisses, erinnert er sich »der unvergeßlichen Jugendscene, als H. [Heinrich] vor dem totkranken Papa, der auf den Treppenabsatz herausgekommen war, davonlief, während ich mich mit ihm unterhielt, wofür Papa sich beim Abschied bedankte«. Dass auch Heinrich auf Bevorzugung durch den Vater aus war, darauf deutet eine Begebenheit hin, die er noch im Alter erzählte und derzufolge er am Sterbebett des Vaters saß und diesem die Hand küsste, nachdem der Vater ihm versprochen hätte, ihn bei seiner Schriftstellerkarriere zu unterstützen.

Ob sich die eine oder andere Szene wirklich so abgespielt hat, wissen wir nicht. Tatsache ist, dass Thomas Johann Heinrich Mann weder Heinrich noch Thomas die Übernahme der Firma zutraute und deshalb deren Liquidierung veranlasste – womit er ihnen vermutlich einen Gefallen tat. Denn das Geld, das die beiden nach dem Tod des Vaters monatlich überwiesen bekamen, versetzte sie in die Lage zu reisen und Bücher zu schreiben oder eben auch einfach nichts zu tun. Es deutet aber einiges darauf hin, dass der Senator größere Stücke auf Thomas hielt, dem er im Testament ein gutmütiges Wesen attestierte. In Heinrich, der frühzeitig das Elternhaus verlassen sollte, eine Buchhändlerlehre absolvierte und das Leben eines Bohemiens führte, schien er keine große Hoffnung zu setzen.

Thomas erfuhr durch Heinrich frühzeitig auf einem Gebiet Kränkungen, auf dem er besonders empfindlich war. Während Heinrich in Liebesangelegenheiten eher unkompliziert, um nicht zu sagen: robust war und mit seinen Abenteuern wohl auch prahlte, hielt Thomas mit seinen homosexuellen Neigungen, von denen ungewiss ist, wie weit er sie auslebte, hinterm Berg. Er schwärmte für andere Jungen, schrieb sogar Gedichte darüber und las August Graf von Platen, über den sich Heinrich gegenüber seinem Jugendfreund Ludwig Ewers, den auch Thomas gut kannte, bloß lustig machte.

Während Heinrich der Sinnliche war, der nicht viel auf empfindsame Schwärmereien gab, war Thomas ganz der Moralist, der die Sache schwer nahm. Er litt unter der Unbekümmertheit, mit welcher der Bruder über die Probleme des Jüngeren redete. Thomas müsse, äußerte Heinrich gegenüber Ewers – und Thomas bekam Wind davon –, nur einmal eine Schlafkur bei einer Prostituierten einlegen, dann wäre er schon kuriert. Entsprechend vorsichtig war Thomas, wenn es um sein Intimleben ging.

Mit dem Ton, den er diesbezüglich im Briefwechsel mit Heinrich anschlug, vergab er sich nicht viel. Verklausuliert erzählte er brieflich am 7. März 1901 von einer »Liebesgeschichte«, die eigentlich gar keine sei, eher so eine »Freundschaft«, die ausnahmsweise erwidert werde und die ihm ein »tief freudiges Erstaunen« einflöße.[2]

Dass die beiden in manchem dennoch gemeinsame Sache machten, will nicht viel heißen. Zwar wohnten sie eine Zeit lang, zwischen 1896 und 1898, zusammen in Italien; zwar arbeitete Thomas an der von Heinrich herausgegebenen Zeitschrift *Das XX. Jahrhundert* mit, in der ein reaktionärer, massiv nationalistischer Ton angeschlagen wurde. Aber das waren Äußerlichkeiten. Thomas ging es um Konkurrenz. Eifersüchtig wachte er darüber, dass Heinrich ihm als Schriftsteller nicht zu weit voraus war, und geriet jedesmal in Panik, wenn dieser schon wieder ein Buch fertig hatte, während er jämmerlich langsam von der Stelle kam. »Großer Gott«, schreibt er Heinrich am 7. Juni 1907, »Du hast schon wieder etwas fertig ...«[3]

Heinrichs quantitative Bilanz musste auf Thomas entmutigend wirken. Erst 1909 wird er mit *Königliche Hoheit* fertig, seinem zweiten Roman, in dem er dem Prinzenpaar Albrecht und Klaus Heinrich viel von dem unterschiebt, was ihn im Verhältnis zu Heinrich beschäftigte. Sein zweiter Roman also und dazu erst zwei Bände mit Novellen – von Heinrich gibt es zu diesem Zeitpunkt schon knapp zehn Romane und unzählige Novellen. Dass es die Menge allein nicht macht, mit dieser Trivialität kann er sich nicht trösten.

Das kann er auch nicht mit einer kleinen privaten Schmähschrift, für die er sich Notizen macht und die er allen Ernstes »Anti-Heinrich« nennt: »Ich halte es für unmoralisch«, steht da, »aus Furcht vor den Leiden des Müßigganges ein schlechtes Buch nach dem andern zu schreiben.«[4] Die literarische Konkurrenz hinterlässt im Frühwerk der beiden Spuren. Es gibt im erzählerischen Werk eine versteckte Korrespondenz, geheime Anspielungen und gegenseitige Spitzen – ein regelrechter Schlagabtausch ist das, der Außenstehenden damals kaum verständlich war.

Das Verhältnis ändert sich, als sich der Erfolg der *Buddenbrooks* abzuzeichnen beginnt. Thomas wird zwar nicht schneller, aber er wird selbstbewusst. Er bekommt Oberwasser und nimmt es sich nun immer öfter heraus, den Bruder zu kritisieren. Am 5. Dezember 1903 schreibt er Heinrich einen Brief, in dem die Differenzen zwischen den beiden erstmals offen zum Ausbruch kommen. Hinter der literarischen Kritik, die Thomas hier vorbringt, steckt auch eine persönliche Abrechnung. Es geht um Heinrichs soeben erschienenen Roman *Die Jagd nach Liebe*, den Thomas derart in die Pfanne haut, dass man sich wundern muss, wie Heinrich danach überhaupt noch mit ihm sprechen mochte.

Man merkt bei jedem Wort: Hier redet sich jemand mehr von der Seele als bloß Unterschiede im Geschmacksempfinden. Sechs auftrumpfende Seiten sind das, die Heinrich als Schriftsteller eigentlich hätten erledigen müssen; kein gutes Haar lässt Thomas an diesem Verfasser von »sinnlosen und unanständigen Lügengeschichten, – ich lese sie und kenne Dich nicht mehr.«[5] Hatte er Heinrich einst als Literaten bewundert und regelrecht zu ihm aufgeblickt, so war er nun im Begriff, sich freizuschreiben und aus dem Schatten des Älteren herauszutreten. Dieses Bewusstsein verleiht seiner Attacke etwas Souveränes: »Wenn ich zehn, acht, fünf Jahre zurückdenke! Wie erschienst Du mir? Wie warst Du? Eine vornehme Liebhabernatur, neben der ich mir mein Lebtag plebejisch, barbarisch und spaßmacherhaft vorgekommen bin.«[6]

Eine enttäuschte Bewunderung, könnte man auch sagen, eine Bewunderung, für die es mit der Zeit immer weniger Grund gab. Es muss – auch das ist dem Brief zu entnehmen – für ihn eine Genugtuung gewesen sein, Heinrich endlich heimleuchten zu können, all dieses unempfindliche Gerede, mit dem dieser ihn bis aufs Blut gereizt hatte. Die Literatur ist sein Racheinstrument, mit dem er Heinrich den Mangel an Takt und Diskretion heimzahlt, der ihm auch literarisch so auf die Nerven geht: »ich vermisse jede Strenge, jede Geschlossenheit, jede sprachliche Haltung«.[7] Mit anderen Worten: Wer so nachlässig schreibt, der kann auch als Mensch nicht viel taugen.

Thomas wütet und schimpft, und am Ende steht fast kein Stein mehr auf dem andern. Das lange Angestaute bricht sich Bahn in diesem Brief, von dem an das Verhältnis eigentlich kaum noch zu kitten ist. Das weiß oder ahnt zumindest auch Thomas, aber es musste alles einmal gesagt werden. »Ich bin, weiß Gott, von Geburt kein Pamphletist und muß *gelitten* haben, um ein paar Seiten zu schreiben wie auch nun diese hier.«[8]

Und gelitten hatte er! Und was er einstecken musste von Heinrich, das wirkte lange nach. Noch Anfang Januar 1918 wirft er Heinrich vor: »Wie oft Du, mit dem ›Recht der Leidenschaft‹, erbarmungslos meine einfachsten und stärksten Empfindungen mißhandelt hattest ...«[9] Diese Leidenspose, die nicht mit Wehleidigkeit zu verwechseln ist, nimmt Thomas Mann mit einem beinahe extremen Maß an Bewusstheit ein. Es war keineswegs der spontane Ausfall, als den man den Brief lesen könnte, sondern eine sorgfältig vorbereitete und trotzdem schlagfertige, schlagkräftige Attacke, von der Thomas womöglich schon wusste, dass in ihr ein literarhistorisches Urteil über den Bruder enthalten war, dem heute niemand mehr widerspräche: »Vielleicht, wenn Du diesen Brief aufbewahrst und er kommt dereinst ans Tageslicht, vielleicht werden sich spätere Leute einmal über den Töffel von einem jüngeren Bruder amüsiren, der Deine Größe so gar nicht zu schätzen wußte – vielleicht.«[10] Ja, vielleicht. Die Größe, die Thomas Mann im Sinn hatte, sah anders aus als das, was Heinrich als Schriftsteller leistete.

Dies alles erinnert an eine Szene aus den *Buddenbrooks*, in der sich Thomas und Christian so heftig streiten, dass das Unterste zuoberst kommt: »›Und ich sage dir ...‹, fing Christian an ... Und nun ging das Ganze in einen Wortstreit über, einen abgerissenen, nichtigen, beklagenswerten Wortstreit ohne ein eigentliches Thema, ohne einen anderen Zweck als den, zu beleidigen, einander mit Worten bis aufs Blut zu verwunden. Christian kam auf den Charakter seines Bruders zurück und suchte aus alter Vergangenheit einzelne Züge, peinliche Anekdoten hervor, die Thomas' Egoismus belegen sollten und die Christian nicht hatte vergessen können, sondern mit sich umhergetragen und mit Bitterkeit durchtränkt hatte.«[11] Die Figuren gehen hier gewissermaßen ineinander über; man weiß nicht recht, wer eigentlich noch der Überlegene ist. Recht und Unrecht verschwimmen, wenn es nur noch um Rechthaberei geht. Es ist eine ambivalente Szene, die auf beide ein gleich gutes oder eben ein gleich schlechtes Licht wirft. Und, was das Entscheidende ist, eine solche Szene kann nur jemand schreiben, der das Bruderproblem selbst sehr intensiv erlebt und erlitten hat. So sehr er sich sonst auch mit Thomas Buddenbrook identifizierte – hier scheint Thomas Mann, der noch keine 25 Jahre alt war, als er dies schrieb, eher durch die Maske Christians zu sprechen.

Es ist, unter diesen Umständen, schwer vorstellbar, dass die Brüder die Buddenbrook-Geschichte ursprünglich gemeinsam schreiben wollten. Wie hätte das gehen sollen: solche Szenen erbitterter Feindschaft gemeinsam zu entwerfen oder doch zumindest gemeinsam zu veröffentlichen? Aber offenbar gab es tatsächlich Pläne dazu, und das ist der Familienräson der Manns zu verdanken, die bisweilen dünkelhafte Züge annimmt und von der auch Thomas Manns Kinder nicht frei waren. Im November 1913, als sich die Krise zwischen den Brüdern aufs Äußerste zuzuspitzen beginnt, kommt Thomas darauf zu sprechen: »In meinen besten Stunden träume ich seit Langem davon, noch einmal ein großes und getreues Lebensbuch zu schreiben, eine Fortsetzung von Buddenbrooks, die Geschichte von uns fünf Geschwistern. Wir sind es wert. Alle.«[12]

Aber seine besten Stunden hatte Thomas Mann hinter sich, und es sollte noch eine ganze Zeit dauern, bis wieder welche kamen. Zu einer Fortsetzung der *Buddenbrooks* kam es nicht, aber den Familienfaden nahm er später wieder auf. In seinem Mammutwerk *Joseph und seine Brüder* schlägt er zum Thema Bruderhass und Konkurrenz versöhnliche Töne an, bevor er im *Doktor Faustus* das Familienthema noch einmal in ganz radikaler Weise aufgreift.

Vorläufig aber lautet die Devise »in inimicos!«, die noch aus der italienischen Zeit stammt. Und feind werden sie einander immer mehr, auch wenn Thomas drei Wochen nach der brieflichen Großattacke behauptet: »Es sind meine übelsten Stunden, wenn ich Dir feindlich gesinnt bin …«[13] Das mochte wohl sein, aber es war nur Beschwichtigung und sollte darüber hinweg täuschen, dass Thomas gar nicht anders konnte, als sich das Feindbild Heinrich in allen Facetten und so genau wie möglich auszumalen, wobei er oftmals ins Schwanken geriet. Hin- und hergerissen zwischen Sympathie und Aggression, Gönnerhaftigkeit und Empörung, bringt er es fertig, Heinrich Briefe ins Haus zu schicken, die merkwürdig pathetisch, als stünde wer weiß was auf dem Spiel, schließen: »*Ich bin durchdrungen von der Nothwendigkeit, daß wir zusammenhalten.*«[14]

Was allerdings auf dem Spiel stand, das war Thomas' Selbstbild. Er selbst war der »Anti-Heinrich«, nicht diese paar Notizen, die er sich dazu machte.

Dieser ganze Feldzug, der an Schärfe noch zunehmen sollte, war ein Akt des Egoismus. Thomas ging es um sich selbst, er wollte sich über sich selbst Rechenschaft ablegen, und dazu war es nötig, dem, den er am besten kannte, literarisch am Zeug zu flicken.

In Heinrich bekämpfte er vieles von dem, was er selbst in sich trug und was er fürchtete: die Neigung zum Bohemien, zum Faulenzen und Sich-gehenlassen, das Hedonistische und den Mangel an Disziplin. So ist es auch bei den Brüdern Buddenbrook: Der strenge Moralist und Asket bekämpft im Bummelanten sich selbst. Noch einmal Thomas Buddenbrook: »›Ich bin geworden, wie ich bin‹, sagte er endlich, und seine Stimme klang bewegt, ›weil ich nicht werden wollte wie du. Wenn ich dich innerlich gemieden habe, so geschah es, weil ich mich vor dir hüten muß, weil dein Sein und Wesen eine Gefahr für mich ist ... ich spreche die Wahrheit.‹«[15] Thomas wollte sich Heinrich vom Leib halten und konnte ihn doch nicht aus den Augen lassen: »Das Bruderproblem reizt mich immer«, schreibt er im Dezember 1905, als gäbe es nichts anderes auf der Welt.[16]

Der Streit mit dem Bruder war nicht nur Ursache einer persönlichen Krise, sondern auch deren Ausdruck. So sehr sein Selbstbewusstsein als Autor mit den *Buddenbrooks* gestärkt war, so deutlich spürte er, um welchen Preis das geschehen war. Er hatte mit diesem Werk viel von sich preisgegeben, seelisch wie geistig. Danach konnte er nicht mehr richtig Fuß fassen; er wusste nicht mehr, wo er stand. Es war eine Orientierungsschwäche, die Thomas Mann tendenziell immer zu eigen war, die sich nun aber auswuchs und ihn in einem Maße beunruhigte, dass er von geistiger Lähmung nicht mehr weit entfernt war.

Im Grunde war er geneigt, seine langsame Produktionsweise als Stärke auszugeben. In einem Brief an seine spätere Ehefrau Katja schreibt er Ende August 1904: »Nur bei Damen und Dilettanten sprudelt es, bei den Schnellzufriedenen und Unwissenden, die nicht unter dem Druck und der Zucht des Talentes leben. Denn das Talent ist nichts Leichtes, nichts Tändelndes, es ist nicht ohne Weiteres ein Können. In der Wurzel ist es *Bedürfnis*, ein kritisches Wissen um das Ideal, eine Ungenügsamkeit, die sich ihr Können nicht ohne Qual erst schafft und steigert.«[17]

Dies ermöglichte ihm eine literarische Sorgfalt, die er bei Heinrich vermisste. Doch inzwischen merkte er, dass er mit seinen literarischen Plänen nicht mehr zurande kam. Was sollte nach dem Verfall, den er mit den *Buddenbrooks* erzählt hatte, auch kommen? Es dauerte, bis ihm wieder Erzählstoff in die Hände kam, von dem er wusste, dass es sich lohnen würde, sich Jahre damit zu beschäftigen.

Bis auf weiteres ist seine Lage trostlos, wie er gegenüber Heinrich zugibt: »Wenn nur die Arbeitskraft und -Lust entsprechend wäre. Aber das Innere: die immer drohende Erschöpfung, Skrupel, Müdigkeit, Zweifel, eine Wundheit und Schwäche, daß mich jeder Angriff bis auf den Grund erschüttert; dazu die Unfähigkeit, mich geistig und politisch eigentlich zu orientieren, wie Du es gekonnt hast; eine wachsende Sympathie mit dem Tode, mir tief eingeboren: mein ganzes Interesse galt immer dem Verfall, und das ist es wohl eigentlich, was mich hindert, mich für den Fortschritt zu interessieren.«[18]

Für den Fortschritt sollte er sich auch in besseren Zeiten nicht interessieren, aber er wusste diesen Mangel an Interesse dann wenigstens literarisch umzumünzen. Jetzt kommt er sich ganz und gar abgemeldet vor, ohne Aussicht auf Besserung – alles andere als eine günstige Voraussetzung für einen Streit mit Heinrich, der ihn viele Nerven kostete.

Und Heinrich? Heinrich war im Ganzen großzügiger, milder und hatte mehr Distanz zu der ganzen Geschichte, und das war bei dem vier Jahre Älteren auch kein Wunder. Sosehr er auch darunter gelitten haben mag, dass Thomas ihm literarisch überlegen war – menschlich war während der jahrelangen Streitereien Heinrich der Überlegene. Während Thomas die Rivalität ins Gigantisch-Symbolische zu steigern bemüht war und dabei eine immer stärkere Reizbarkeit an den Tag legte, bewahrte Heinrich ziemlich ruhig Blut, obwohl auch er es an Provokationen keineswegs fehlen ließ. Aber eines ging ihm ab, das bei Thomas ins Extrem gesteigert war und geradezu manische Züge annahm: die Fixierung auf den Bruder. »Was mich betrifft«, resümiert Heinrich kühl in einem Briefentwurf, »ich empfinde mich als durchaus selbständige Erscheinung, u. mein Welterlebnis ist kein brüderliches, sondern eben das meine. Du störst mich nicht. … Bezieh nicht länger mein Leben und Handeln auf Dich, es gilt nicht Dir, u. wäre ohne Dich wörtlich dasselbe. Der 2te Satz des ›Zola‹ hat nichts mit Dir zu thun …«[19]

Das hatte er allerdings doch. Der *Zola*-Essay, den Heinrich hier erwähnt, erschien im November 1915 und ist der eigentliche Grund, warum Thomas Manns *Betrachtungen eines Unpolitischen,* mit denen er kurz vorher begonnen hatte und für die er den *Zauberberg* unterbrach, diese enorme persönliche Stoßrichtung haben. Die *Betrachtungen* waren das Werk, mit dem er Dienst tun wollte, wenn auch nicht auf dem Felde, so doch am Schreibtisch mit der Feder. Es war, wie er in der Vorrede schreibt, »Gedankendienst mit der Waffe«.[20]

Denn der Erste Weltkrieg, bei dessen Ausbruch er, wie viele andere deutsche Intellektuelle auch, gejubelt hatte, brachte ihn dazu, zu tun, was er bislang nicht für nötig gehalten hatte: sich zur Politik zu äußern. Heinrich hatte damit schon viel früher angefangen; er sympathisierte mit Frankreich und war Republikaner, was Thomas Mann beides missfiel. Thomas war dagegen Monarchist und setzte in jener Zeit seine ganze Energie daran nachzuweisen, dass Deutschland den anderen Ländern sowohl kulturell als auch moralisch überlegen und dass folglich auch der Krieg ein gerechter war. Und Heinrich sollte das auch so sehen: »Kannst Du wirklich glauben, daß durch diesen großen, grundanständigen, ja feierlichen Volkskrieg Deutschland in seiner Kultur oder Gesittung so sollte zurückgeworfen werden, daß es Deine Gaben dauernd abweisen könnte?«[21] Fast scheint es, als ahne Thomas bereits, dass er in den folgenden Jahren literarisch abgemeldet sein werde.

Heinrichs eigentliche Zeit als Literat sollte dagegen erst noch kommen; er stand zu Beginn der Weimarer Republik in höherem Ansehen als Thomas, der etwas länger brauchte, bis er sich politisch orientiert hatte. Während nämlich Heinrich die Literatur wie überhaupt die Kunst als Spielart eines politischen Engagements sah, sie gesellschaftlich in die Pflicht nahm, behauptete Thomas das Gegenteil: Literatur hat mit Politik nichts zu tun, der geistige Mensch, der Literat, der Künstler soll nicht handeln, sondern wirken. Bilde Künstler, rede nicht! Das war seine Maxime – ein defätistischer Standpunkt, der seltsam abstach von Heinrichs Aktivistentum, das Thomas anwiderte.

Statt sein Augenmerk auf die gesellschaftliche Realität und vor allem auf die des Krieges zu richten, fuhr er seine großen Geister auf wie ein Kriegsgeschütz und erzählte öffentlich, ein Land, das Goethe, Schopenhauer, Wagner und Nietzsche hervorgebracht habe, könne so schlecht nicht sein. Und dies mitsamt der fast schon krankhaften Egozentrik, aus der heraus er argumentierte, brachte ihm von Heinrich einen schlagenden Vorwurf ein: »Die Unfähigkeit, ein fremdes Leben ernst zu nehmen, bringt schliesslich Ungeheuerlichkeiten hervor... ich bin nicht der Mann, Elend u. Tod der Völker auf die Liebhabereien meines Geistes zuzuschneiden...«[22] Es ist die überzeugendste, bündigste Kritik, die je an Thomas Manns früher Kriegspublizistik geäußert wurde. Leider erreichte sie ihren Adressaten nie; Heinrich hat den Brief, der vom 5. Januar 1918 datiert, nicht abgeschickt.

Die ideologische Frontstellung erklärt aber noch nicht allein, warum sich Thomas in seinen *Betrachtungen* zu einer Polemik verstieg, mit der er oft weit über das Ziel hinaus schoss. Es war der zweite Satz aus Heinrichs *Zola*-Essay, den Thomas Mann gar nicht anders konnte, als auf sich beziehen: »Sache derer, die früh vertrocknen sollen, ist es, schon zu Anfang ihrer zwanzig Jahre bewußt und weltgerecht hinzutreten …«[23]

Einen bösartigeren Satz dürfte Thomas Mann selten über sich gelesen haben. Er musste umso stärker wirken, als darin ja eine Wahrheit steckte, die Thomas sein Leben lang fürchtete und die Heinrich ihm nun genüsslich vorhielt. Es war nicht bloße Polemik, was Heinrich da geschrieben hatte; es stimmte ja: Die Sterilität und das Nachlassen der Produktivität hatte Thomas in jener Zeit, als er sich schriftstellerisch kaum zu Wort meldete, als Krisensymptome auf eine Weise erfahren, die ihm sein Selbstbewusstsein beinahe vollständig nahmen. In gewisser Weise war er vertrocknet, nach dem genialen Wurf mit den *Buddenbrooks* hatte er sich erst einmal ausgeschrieben.

Was ihn freilich erst richtig in Rage bringen musste, war, dass Heinrich die außerordentliche Leistung, die Thomas mit Anfang zwanzig gelungen war, gleich mit verächtlich machte, indem er den inneren Reichtum des Romans als welt- und damit als selbstgerecht diffamierte. Es lief – und der Adressat merkte das wohl – auf den Vorwurf hinaus, er, Thomas, sei durch Streberei Nationaldichter geworden.

Der *Zola*-Satz war in der Tat ein »unmenschlicher Exzeß«, wie es Thomas vorkam und er Heinrich brieflich auch wissen ließ.[24] Und Thomas schlug zurück, auf sechshundert Seiten, auf denen er sein Feindbild, den so genannten Zivilisationsliteraten, wie eine riesige Pappattrappe entwirft, auf die er sich einschießt. Man geht nicht zu weit, wenn man festhält, dass sich die Wucht der keineswegs immer richtigen politisch-historischen Argumentation zu einem großen Teil dieser persönlichen Kränkung verdankte.

Die Schärfe, mit der Thomas Mann, mit zum Teil aggressiv-nationalistischen Untertönen, hier seine ideellen Gegensätze aufbaute – Deutschland gegen Frankreich, Kultur gegen Zivilisation, Literatur gegen Politik, Moral gegen Sinnlichkeit –, ist ohne die Frontstellung zum Bruder nicht recht verständlich. Der politisch-historische Gehalt der *Betrachtungen* hatte ihn schon vor Heinrichs *Zola*-Essay beschäftigt, aber nun kam das Persönliche hinzu, das eine mischte sich mit dem andern. Denn dass es hier Mann gegen Mann ging, das geht bereits aus dem Motto der Betrachtungen hervor: »Vergleiche dich! Erkenne, was du bist!« Das Zitat stammt aus Goethes *Torquato Tasso*.

Im Ganzen muss man sagen, dass Thomas Mann sich mit den *Betrachtungen eines Unpolitischen* keinen Gefallen getan hat, obwohl er in der Folge wenig Grund sah, etwas davon zurückzunehmen. Zu unsouverän ist über weite Strecken dieses Werk, das er selber gar nicht »Werk« nennen mochte und das in erster Linie stilistisch überzeugt. Und auf die Sympathien, die sie ihm im national-konservativen Lager einbringen, wollte er wenige Jahre später lieber verzichten.

Was das Verhältnis zu Heinrich betrifft, so wurde es mit dem Ende des Ersten Weltkriegs zunächst befestigt, und zwar im negativen Sinn. Beinahe vier Jahre lang herrscht Funkstille zwischen den Brüdern, und wenn der ältere nicht lebensgefährlich erkrankt wäre, dann wäre es dabei möglicherweise auch geblieben.

Zumindest vor sich selbst hat Thomas Mann keinen Hehl daraus gemacht, wie sehr es ihn erbitterte, dass Heinrich während des Ersten Weltkriegs und vor allem danach als Schriftsteller so gefragt war. Er war einer der führenden Köpfe der gerade im Entstehen begriffenen Weimarer Republik, eine Symbolfigur geradezu und blieb das auch lange Zeit. Als Autor sozialkritischer und eben, wie sich herausstellte, prophetischer Romane wie *Professor Unrat* und *Der Untertan* war er geradezu das Gegenteil des rückwärtsgewandten Thomas, dessen Hauptwerk aus jener Epoche, die *Betrachtungen eines Unpolitischen*, schon bei Erscheinen politisch überholt war.

Er braucht eine Weile, bis er sich wieder zurechtfindet. Ängstlich, eifersüchtig, hauptsächlich aber angeekelt verfolgt er aus sicherer Entfernung Heinrichs öffentliches Wirken und macht seinem Ärger im Tagebuch beinahe täglich Luft und beschimpft ihn als »Dummkopf«[25]. Heinrich kann es ihm nicht recht machen. Geht es ihm gut, dann ist Thomas eifersüchtig; geht es ihm schlecht, dann ist er es auch. Thomas betreibt seine Abneigung derart systematisch, dass es grotesk-komisch wird: »Heinrichs Frau in Prag so krank, daß er nachts dorthin abgereist ist … Hoffe auf ihre Wehleidigkeit und ihre Neigung, ihn zu ängstigen. Schweres Dilemma, wenn sie stürbe.«[26] Dass das Leiden den Menschen adelt, das hatte er von Schopenhauer gelernt, und so ist für ihn weniger die Frage: Wem geht es besser? als vielmehr: Wer leidet mehr? Nicht, dass Thomas so sehr an seiner Schwägerin hinge – es wäre eine »große Bevorzugung durch das Unglück« für Heinrich, wie er im Tagebuch schreibt.

Die Versöhnung kam dann doch, zu Anfang der zwanziger Jahre, als Heinrich, wie gesagt, krank wurde und Thomas ihm Genesungswünsche schickte: »Es waren schwere Tage, die hinter uns liegen, aber nun sind wir über den Berg und werden besser gehen, – zusammen, wenn Dir's ums Herz ist, wie mir.«[27] Heinrich schlug ein, aber dass ihr Verhältnis damit ins Reine gekommen wäre, das glaubte wohl keiner von beiden. Thomas jedenfalls schrieb kurze Zeit später an seinen Freund Ernst Bertram: »Ein modus vivendi menschlich anständiger Art wird alles sein, worauf es hinauslaufen kann. Eigentliche Freundschaft ist kaum denkbar ...«[28]

So war es. Sie engagierten sich gemeinsam gegen die Nazis, waren gemeinsam im kalifornischen Exil, und Thomas ließ Heinrich regelmäßig Geld zukommen, als dieser in finanzielle Schwierigkeiten gekommen war. Aber dies alles brachte sie einander nicht eigentlich nahe. Noch das Lob, das Thomas Heinrichs Arbeit später immer wieder erteilte, war, wie so oft bei Thomas Mann, eine verschlüsselte Kritik; er konnte mit dem Werk des Bruders, bis auf wenige Ausnahmen, am Ende doch nichts anfangen. Und die Jubiläumsansprachen, die er auf Heinrich hielt, blieben unverbindlich, im Grunde nichtssagend.

Thomas Manns späte Tagebücher geben darüber am besten Auskunft, weil er sich da nicht zu verstellen brauchte. Sie sind voller Reserve gegenüber einem Bruder, unter dem er viel gelitten hatte, mit dessen Produktion er im Grunde nie einverstanden war, für dessen Lebenswandel und Frauengeschichten er kein Verständnis hatte, den er aber – und das war für ihn die Hauptsache – nach einer längeren Kraftanstrengung literarisch hinter sich gelassen hatte.

Thomas Mann war von Anfang an gewillt, die Feindschaft im großen Stil durchzufechten. Die *Betrachtungen* waren noch gar nicht erschienen, da schickte Thomas dem Bruder schon einen Abschiedsbrief ins Haus: »Laß die Tragödie unserer Brüderlichkeit sich vollenden.«[29] Denn von der Überzeugung war er dabei fortwährend getrieben: dass das, was sich zwischen ihnen beiden abspielte, sich im großen, geistesgeschichtlichen Rahmen längst ereignet habe. Zwei Zwerge also, die sich in den Haaren lagen und dabei nachspielten, was die Geschichte ihnen vorgegeben hatte. Aber Thomas wollte der bedeutendere Zwerg sein.

Kapitel IV

SINNLICH, ABER KÜHL
Der Zauberberg

Mit seinem Roman *Der Zauberberg* hat Thomas Mann sich den Spaß erlaubt, einen Discjockey zu porträtieren. Hätte es damals schon den Beruf gegeben, er wäre womöglich selber einer geworden. Indem man dieser Vermutung Raum gibt, stellt man noch keine künstliche Modernität oder Zeitgenossenschaft dieses Autors her. Über Thomas Manns Modernität ist auch das frühe 21. Jahrhundert nicht hinaus. Was er über Musik gesagt, gedacht und bei ihrem Anhören vermutlich auch gefühlt hat, das deutet auf einen Fanatismus, wie er heute bei solchen, denen Popmusik etwas bedeutet, auch nicht größer ist. Seine Musikbegeisterung hatte etwas Rückhaltloses. Es gibt ein Bild von ihm aus den zwanziger Jahren, auf dem er vor einem Grammophon steht, mit Schlips und Kragen natürlich, die Arme vor der Brust verschränkt, betrachtet er konzentriert den Apparat. Tief versunken steht er da und hat nur die Musik im Kopf.

Fürs Musizieren fehlt ihm aber das Talent. Über einige Akkorde aus Wagners *Tristan und Isolde* ist er nicht hinaus gekommen. Als Hörer war er dafür umso besessener – wie ein Enthusiast der Rockmusik, der selbst nicht spielen kann und andere spielen lässt, indem er dauernd Platten auflegt. Thomas Mann war ein begeisterter Plattenhörer, und hätte es damals schon, in München oder Kalifornien, Geschäfte mit Vorspielservice gegeben, Thomas Mann wäre dort wohl ein und aus gegangen.

Hans Castorp, Held jener siebenjährigen Geschichte im Davoser Lungensanatorium Berghof, nutzt ziemlich zum Ende des Romans die Gelegenheit, die der Klinikleiter Hofrat Behrens ihm mit der Anschaffung eines Grammophons gibt, und nimmt, als es darum geht, den Apparat zu bedienen, die Dinge mit jener Eigenmächtigkeit in die Hand, die nur dem wahren Liebhaber zusteht. »Lassen Sie mich das tun!«, sagt er den anderen Berghof-Patienten, die sich aus Musik nicht annähernd so viel machen wie er, und legt die Platten auf – Sinfonisches, Opernarien und Volkslieder.

Das Grammophon verführt ihn: »In ihm hieß es: ›Halt! Achtung! Epoche! Das kam zu mir!‹ Die bestimmteste Ahnung neuer Passion, Bezauberung, Liebeslast erfüllte ihn. Dem Jüngling im Flachland, dem beim ersten Blick auf ein Mädchen Amors widerhakiger Pfeil unverhofft mitten im Herzen sitzt, ist gar nicht anders zumute.«[1] So ist es: Hans Castorp ist besessen vom Musikhören. Mit dem geheimen, eifersüchtigen Stolz des Kenners führt er den anderen Sanatoriumsbewohnern musikalische Schätze vor.

Am liebsten aber hört er die Musik allein, ungestört von den ohnehin nur mäßig interessierten Durchschnittshörern. Bis spät in die Nacht und dann wieder frühmorgens schleicht er sich ins Musikzimmer und schaltet den Apparat ein, den er mit fachmännischer Behutsamkeit bedient. Anfangs spielt er die Titel nur an, wie jemand, der sich viele Platten auf einmal gekauft hat, damit voller Vorfreude nach Hause kommt und am liebsten alle gleichzeitig auflegte. Man nimmt eine Platte aus der Hülle und spielt ein oder zwei Titel an, nur, um sich des Genusses und der Richtigkeit des Kaufes zu vergewissern und sofort zur nächsten überzugehen. »Er spielte wohl ein Viertelhundert, indem er sich, um nicht zu stören, in der Nacht nicht gehört zu werden, gewisser, sacht ziehender Nadeln bediente, die den Klang verringerten …«[2] Heute würde man Kopfhörer aufsetzen.

Dass Thomas Mann der moderne Aspekt bei der ganzen Sache nicht entgangen ist, geht indirekt aus einem Brief hervor, den er fast zwanzig Jahre nach dem Erscheinen des *Zauberbergs* an seine amerikanische Gönnerin Agnes E. Meyer schreibt: »Den ›Lindenbaum‹ habe ich gewählt aus demselben Grunde wie Hansens andere records, weil ich sie eben selbst hatte und sie mir auf meinem, ach, noch so primitiven Apparat immer wieder vorführte. Daher die minutiöse Beschreibung …«[3]

Man muss der musikalischen Leidenschaft, die an Selbstaufgabe grenzt, romantische Züge attestieren; sie sind dem *Zauberberg* eingeschrieben. Im Zeichen der Idee der Selbstüberwindung hat Thomas Mann dafür das Schicksal Friedrich Nietzsches hergenommen und dessen Überwindung der sich in Richard Wagner manifestierenden Romantik exemplarisch dargestellt. Hans Castorps Liebe zu

Schuberts »Lindenbaum«-Lied trägt den Keim der Verderbnis in sich, deshalb muss sie überwunden werden. Hans Castorp muss sich lossagen von etwas, das als »Seelenzauber« in verführerischer Gestalt erscheint: »Aber sein bester Sohn mochte doch derjenige sein, der in seiner Überwindung sein Leben verzehrte und starb, auf den Lippen das neue Wort der Liebe, das er noch nicht zu sprechen wußte. Es war so wert, dafür zu sterben, das Zauberlied!«[4] »It's better to burn out than it is to rust«, sang 1979 der kanadische Rockmusiker Neil Young.

Der *Zauberberg* trägt, als Dokument der Hingabe, selbstzerstörerische Züge, wie wir sie auch in der Popmusik finden. Thomas Mann hat mit seinem Roman im Grunde nichts anderes gemacht, als das, was die großen und auch die kleinen Rockheroen seit fast einem halben Jahrhundert besingen. Er hat dieses Sich-Verzehren, diese so bedingungs- wie haltlose Leidenschaft, dieses beinahe vollständige Aufgehen in etwas anderem mit einer Genauigkeit und einem Einfühlungsvermögen beschrieben, die ohne eigene Erfahrung nicht denkbar sind.

Was er mit der Geschichte des Hans Castorp vorführt, ist ein altmodisches und doch recht modernes, also ein zeitloses Märchen von einer Begeisterung, die sich an etwas entzündet, was einen im bürgerlichen Leben nicht voran bringt, mit dem man aber ein ganz eigenes Leben führt. Hans Castorp führt ein solches, zweites Leben, nachdem er seine erste, bürgerliche Existenzform abgelegt hat. Er ist kein Jüngling im Flachland mehr, sondern lebt im Hochgebirge von Davos und gibt sich Mächten hin, mit denen sich der Flachländer nicht einlässt: Liebe, Krankheit, Musik und Tod. Und dass die Musik mit dem Tod verbunden ist, davon handelt der ganze, fast tausendseitige *Zauberberg*. Allein dies ist, neben vielem andern, Indiz dafür, dass Thomas Mann kein bürgerlicher Autor ist.

Am 22. März 1925, ein Vierteljahr nach Erscheinen des sofort wie eine Bombe einschlagenden *Zauberberg*, veröffentlicht der von Thomas Mann geschätzte Kritiker Julius Bab eine Besprechung des Romans, die Thomas Mann zu denken gibt. Bab wundert sich, dass der Roman so wenig sozialkritisch ist, und Thomas Mann antwortet ihm einen Monat später: »Daß das Soziale meine schwache Seite ist, – ich bin mir dessen voll bewußt und weiß auch, daß ich mich damit in einem gewissen Widerspruch zu meiner Kunstform selbst, dem Roman befinde, der das Soziale fordert und mit sich bringt. Aber der *Reiz* – ich drücke es ganz frivol aus – des Individuellen, Metaphysischen ist für mich nun einmal unvergleichlich größer.«[5]

Was ist dieses Individuelle, Metaphysische? Es ist auf jeden Fall wenig bürgerlich, etwas, von dem der Mensch im Flachland keine Ahnung hat, das nicht im Dienst der Gesellschaft steht, sondern in erster Linie mit Leidenschaft zu tun hat, und wer sich ihr hingibt, der lässt sich gehen. Hans Castorp tut das je länger, desto stärker und ist in diesem Sinne ein frivoler Mensch. Thomas Mann tut das nicht, er spielt mit dem Frivolen und macht Kunst daraus. Dazu bedurfte es einer zumindest äußerlich bürgerlichen Existenzform, die ihm jene Disziplin sicherte, die Hans Castorp zunehmend abhanden kommt. Seine Geschichte ist die Chronik einer Enthemmung oder, um den eher passiven Charakter der Sache zu betonen, eines Versackens im Unbürgerlichen.

Deswegen muss ihm dieser Roman ein besonderes Vergnügen bereitet haben. »Sicher«, fährt er in dem Brief an Julius Bab fort, »Roman, das heißt Gesellschaftsroman, und ein solcher ist der Zbg. bis zu einem Grade ja auch ganz von selbst geworden. Einige Kritik des vorkriegerischen Kapitalismus läuft mit unter. Aber freilich, das ›andere‹, das Sinngeflecht von Leben und Tod, die Musik, war mir viel, viel wichtiger. Ich bin deutsch, – glauben Sie nicht, daß ich das Wort im Sinn unbedingten Selbstlobes und ohne nationale Selbstbezweifelung gebrauche. Das Zolaeske ist schwach in mir, und daß ich auf den 8 Stunden-Tag hätte kommen müssen, mutet mich fast wie eine Parodie des sozialen Gesichtspunktes an.«[6] Mit dem Zolaesken meint er den gesellschaftskritischen Impuls naturalistischer Prägung, wie er von Bruder Heinrich vertreten wird, mit dem er immer noch nichts anfangen kann. Im Übrigen spricht so kein bürgerlicher Großschriftsteller, den man lange Zeit aus Thomas Mann zu machen trachtete; so spricht ein verbummelter Bohemien.

Mit dem *Zauberberg* hat sich Thomas Mann Freiheiten herausgenommen, die er sich sonst versagt hat. Der Roman ist, in mancherlei Hinsicht, das raffiniert verpackte Produkt einer Enthemmung, und es gibt kein Werk, mit und in dem er sich mehr gehen lässt, mit dem er seine geheimen Wünsche, Sehnsüchte, aber auch seine Aversionen stärker auslebt als in jedem anderen.

Es war vor allem die Homosexualität, die Thomas Mann unterbrachte in einem Roman, über den er am 12. März 1920, ein knappes Jahr nach der Wiederaufnahme der Schreibarbeit, im Tagebuch geradezu siegesgewiss festhält: »Der Zbg. wird das Sinnlichste sein, was ich geschrieben haben werde, aber von kühlem Styl.« Das wurde und blieb er im übrigen auch. Er verarbeitet nämlich eine Knabenliebe, die Thomas Mann im Alter von etwa 15 Jahren erlebt hatte. Es handelt sich um einen Mitschüler namens Williram Timpe, der, Sohn eines Lübecker Oberlehrers, mit seinen hohen Wangenknochen und auch insgesamt angenehmem Äußeren die Aufmerksamkeit des angehenden Schriftstellers auf sich zog und in der Schule »der Kirgise« genannt wurde. Thomas Mann war wohl in ihn verliebt.

Im Roman taucht Williram Timpe als Pribislav (gesprochen: Pschibislav) Hippe wieder auf, in den sich dann Hans Castorp verliebt. Es ist gleichfalls eine Schülerliebe, an die sich Hans Castorp erinnert, als er im Sanatorium Clawdia Chauchat begegnet, die auch so ein kirgisenhaftes Gesicht hat wie Williram. Von ihm hatte der junge Hans Castorp einst auf dem Schulhof einen Bleistift ausgeliehen, Hippe »zog sein Crayon aus der Tasche, ein versilbertes Crayon mit einem Ring, den man aufwärts schieben mußte, damit der rotgefärbte Stift aus der Metallhülse wachse. Er erläuterte den einfachen Mechanismus, während ihre beiden Köpfe sich darüberneigten.«[7] Man kann das – und es wurde in der Thomas-Mann-Forschung auch getan – als gegenseitige Onanie deuten. Dass sich Thomas Mann von

Williram Timpe wirklich einmal einen Bleistift ausgeliehen hat, dafür sprechen späte Tagebuchaufzeichnungen. Am 15. September 1950 – da ist er in den jungen Kellner Franz Westermeier verliebt – schreibt er: »Reisetasche aus Zürich mit Wäsche und Papieren, darunter Franzl Westermeiers Brief, den ich genauso werte wie die Bleistiftschnitzel W. T.'s.« Wie eine Trophäe behält er diese Dinge ein. Noch im 3. Juni 1953 gedenkt er Timpes: »Ewige Knabenliebe.«

Es spricht wenig dafür, dass darüber hinaus noch etwas vorgefallen ist zwischen den beiden, das Stoff für die Bleistift-Szene hätte liefern können. Thomas Manns Leben war von Erlebnisverzicht geprägt, der, so schien es ihm zumindest, Voraussetzung war für eine produktive Schriftsteller-Existenz. Dieser Verzicht verdankte sich zum einen einer großen persönlichen Scheu, war zum anderen aber auch weltanschaulich motiviert. Als Schopenhauerianer, der mit skeptisch-pessimistischem Blick die Welt anschaute, begnügte er sich mit der Zuschauerperspektive; er war Zaungast, kein aktiver Mitspieler; seine Sache war die Innerlichkeit, nicht das Leben in Saus und Braus.

Er be- und vergnügte Nuancen, und seine Helden tun das auch. Das lässt sich dem Romantext ablesen. »Dann«, so fährt der Erzähler fort, nachdem Pribislav Hippe Hans Castorp den Bleistift endlich ausgehändigt hat, »sahen sie einander lächelnd an, und da nichts mehr zu sagen blieb, so kehrten sie sich erst die Schultern und dann die Rücken zu und gingen. Das war alles. Aber vergnügter war Hans Castorp in seinem Leben nie gewesen ...«[8]

Was den *Zauberberg* insgesamt betrifft, so wird an ihm bis heute die enorme Ereignisarmut bewundert, die zu ihrer Ausbreitung so viel Platz braucht. Tatsächlich passiert nicht viel in diesem Roman. Hans Castorp, 24-jähriger Kaufmannssohn aus Hamburg, besucht, bevor er die Ingenieurslaufbahn einschlagen soll, seinen lungenkranken Vetter Joachim Ziemßen im Hochgebirgssanatorium zu Davos. Hier oben begegnet er Mächten und Menschen, von denen er bisher keinen Begriff hatte: Intellektuellen und Kranken; der Musik, der Liebe und dem Tod. Es ist eine Welt, die, changierend zwischen rationalem Humanismus und autoritärer Mystik, mit dem bürgerlichen Dasein im Flachland nichts zu tun hat. Diese Welt fasziniert ihn derart, dass er statt der veranschlagten drei Wochen sieben Jahre bleibt und wohl noch länger geblieben wäre, wenn nicht der Erste Weltkrieg ausgebrochen wäre, der selbst ihn, den hartnäckigsten, in Wirklichkeit aber nur leicht kranken Patienten, an die Luft setzt. Hans Castorp taucht als Soldat im Schlachtgetümmel ein letztes Mal vor dem Auge des Lesers auf, bevor er wahrscheinlich umkommt.

Das ist alles. Aber nicht davor und nicht danach hat Thomas Mann, den Roman *Joseph und seine Brüder* ausgenommen, etwas mit einer solchen erzählerischen Kraft zu Papier gebracht. Dabei ist es ein Dokument der Krise, an dem er, wiederum mit Ausnahme des *Joseph*-Romans, länger gesessen hat als an jedem anderen.

Wie Hans Castorp, so wurde auch Thomas Mann vom Krieg aus seiner träumerischen Existenz herausgerissen. Der Erste Weltkrieg zwang ihn zu einer politisch-kulturellen Stellungnahme, die sich von der Unverbindlichkeit seiner bisherigen Kunst unterscheiden sollte: Die *Betrachtungen eines Unpolitischen*, um derentwillen er den *Zauberberg* unterbrach, enthalten all das ideologische Material, das den Roman vollends ins Uferlose getrieben hätte. Der Konflikt zwischen spätromantischer Innerlichkeit, von der er nicht loskam, und demokratischem Rationalismus, für den der Bruder Heinrich alias »der Zivilisationsliterat« stand, verlangte erst nach einer halbwegs diskursiven Darstellung, bevor er einer romanhaften Synthese zugeführt werden konnte, die ihm mit den *Betrachtungen* nicht gelang.

Möglicherweise ist das auch das Kennzeichen eines repräsentativen Schriftstellers: dass Persönliches und Überpersönliches, Privates und Zeitgeschichte in ihm zusammenkommen. Thomas Mann war jedenfalls geneigt, es so zu sehen, und machte Kunst daraus, in diesem Fall einen ironischen und wiederum sehr dekadenten Bildungsroman mit latent pädagogischen Absichten, der das Ende einer Epoche markiert. Die Zeitgeschichte schob sich dazwischen und stoppte ein Unternehmen, das in seinen Anfängen privaten Charakter oder zumindest einen privaten Anlass hatte.

Im Jahre 1912 wurde seine Frau Katja krank. Ein Lungenspitzenkatarrh nötigte sie, auf einige Monate Quartier zu nehmen im Davoser Sanatorium. Thomas Mann besuchte sie dort im Frühsommer 1912 für drei Wochen, zog sich eine Erkältung zu und stand unversehens vor der Entscheidung, auch ein halbes Jahr dort zu bleiben, wie es ihm der Klinikleiter Friedrich Jessen ans Herz legte, oder doch wieder abzureisen. Er reiste ab. »Ich zog es vor, den ›Zauberberg‹ zu schreiben«[9], erzählte er später amerikanischen Studenten. Die Eindrücke aber, die er dort sammelte, nahm er mit nach Hause und begann rasch mit der Arbeit an der Geschichte, mit der er sich eigentlich nur vom *Tod in Venedig* erholen wollte.

Was er nicht mehr aus eigener Anschauung erleben und aufnehmen konnte, ließ er sich von seiner Frau brieflich mitteilen, und Katja Mann machte ihre Sache gut. Sie versorgte ihn mit originellen und kuriosen Einzelheiten aus der Klinik, die Thomas Mann zu Hause in München und in seinem Landsitz in Bad Tölz zu einem Romanteppich zusammen wob, der die an Richard Wagner geschulte Leitmotivtechnik, die er bereits in den *Buddenbrooks* erfolgreich angewandt hatte, zur Vollendung führte.

Die ersten Kapitel waren geschrieben, da brach der Krieg aus, und der Romancier schien sich rasch darüber im Klaren zu sein, dass der Krieg für seine geistige Entwicklung Hindernis, Herausforderung und Lösung in einem war – dies war die positive, weil künstlerisch wertvolle Seite von Heinrichs immer noch richtigem Vorwurf, er schneide Elend und Tod ganzer Völker auf die Liebhabereien seines Geistes zusammen.

Im Sommer 1915 unterbrach er den *Zauberberg*, der bis zum Hippe-Abschnitt des vierten Kapitels gediehen war, und fing im Oktober, nachdem er sich mit den reaktionären Kriegsschriften *Gedanken im Kriege* und *Friedrich und die große Koalition* in Form gebracht hatte, mit den *Betrachtungen eines Unpolitischen* an, die er drei Jahre später fertig hatte.

Erzählerisch brachte er in dieser Zeit nichts zustande.

Erst nach dem Krieg meldete er sich zurück. *Herr und Hund*, die populäre Novelle, und das gewollt wirkende Hexameter-Epos *Gesang vom Kindchen* markierten den Aufbruch in die private Idylle. Es schien, Thomas Mann müsste sich erst einmal sammeln, bevor er sich wieder ans Hauptgeschäft machte, bei dem er in Gedanken dennoch immer war. »*Ich begann nach 4jähriger Unterbrechung wieder am ›Zauberberg‹ zu schreiben*«, vermerkt in kursiver Schrift das Tagebuch am Ostersonntag 1919.

Die Geschichte Hans Castorps, die Thomas Mann zu erzählen wieder ansetzt, ist ein kühnes, vielschichtiges Werk, sinnlich und abstrakt, melancholisch und vor allem sehr witzig. Thomas Mann wusste, dass ihm hier, nach den *Buddenbrooks*, der zweite ganz große Wurf gelungen war, und die öffentliche Aufnahme sollte ihm das bestätigen. Er hatte die Antithesen von Kultur und Zivilisation, Musik und Rationalität, an denen er sich ein Jahrzehnt vergeblich abgearbeitet hatte, einer Synthese zugeführt, die er lange nicht für möglich gehalten hatte.

»Es lebe die Republik!«[10], rief der einstmals reaktionäre Spätromantiker einem verblüfften Publikum im Berliner Beethovensaal zu und war wohl selbst überrascht davon, dass er auf einmal anfing, nach vorne zu diskutieren und aufhörte, der Zeitgeschichte ausschließlich mit Zitaten von Goethe, Schopenhauer, Wagner und Nietzsche zu begegnen. Es lebe die Republik! So rief er tatsächlich, am 15. Oktober 1922 anlässlich Gerhart Hauptmanns

60. Geburtstag. Die Rede hieß *Von deutscher Republik,* hatte aber mit dem Jubilar nicht viel zu tun. Zum Peeperkorn sollte er Hauptmann erst noch machen. Aber das Bekenntnis zur Demokratie war nun heraus und er selbst entschlossen, dabei zu bleiben.

Was Hauptmann betraf, so war er, als der den Roman zu lesen bekam, außer sich. An den Rand seines Lese-Exemplars notierte er sich: »Dieses idiotische Schwein soll Ähnlichkeit mit meiner geringen Person haben?« Das Schwein hatte, und zwar mehr, als dem Schimpfenden lieb sein konnte. Mynheer Peeperkorn, Pieter mit Vornamen und seines Zeichens abgetakelter holländischer Kaffeehändler mit starker Neigung zum Alkohol und als solcher eine besonders kuriose Figur des *Zauberberg,* hat viele, aber nicht die würdevollsten Züge Gerhart Hauptmanns abbekommen. Er ist das reale Vorbild für Peeperkorn, mit dem Thomas Mann einen Königsmord begeht, wie er raffinierter wohl kaum je verübt wurde.

Denn Gerhart Hauptmann war König, König der Weimarer Republik, ein Titel, den er sich als sozialkritischer, volkstümlicher Dramatiker rechtens erworben hatte, wie auch Thomas Mann in seinen großzügigen Stunden zugeben musste. Aber Thomas Mann hatte nicht viele großzügige Stunden, jedenfalls nicht, wenn es um die Konkurrenz ging, zu der er den 13 Jahre älteren Nobelpreisträger von 1912 von Anfang an zu zählen hatte.

Die beiden sind sich das erste Mal im Herbst 1903 auf Vermittlung des gemeinsamen Verlegers Samuel Fischer begegnet. Danach gibt es zwanzig

Jahre keinen Kontakt. Hauptmann findet gelegentlich Erwähnung in Thomas Manns Briefen, bis zur erneuten Begegnung im Oktober 1923. Thomas Mann schreibt seit viereinhalb Jahren wieder an seinem *Zauberberg*, den er während des Krieges unterbrochen hat, da treffen sich die beiden bei einem Urlaub in Bozen.

Thomas Mann ist auf der Suche. Er ist auf der Suche nach einer neuen Figur für seinen Roman, der jetzt doch dem Ende zuneigt, nachdem er sich längst als unendliche, beliebig fortzuspinnende Geschichte entpuppt hat, die über alles Erwarten in die Breite geht und die ursprünglich ein spaßiges Gegenstück zum *Tod in Venedig* werden sollte, dieser strengen, todernsten Novelle, in der ein scheinbar würdiger Schriftsteller namens Gustav von Aschenbach vom Sockel gestoßen wird. Und vom Sockel stoßen will er nun wieder jemanden, Hauptmann nämlich, den er schon länger auf der Liste hat.

Gerhart Hauptmann war Thomas Mann auf einem Feld ins Gehege gekommen, auf dem beide erheblichen Ehrgeiz entwickelt hatten: der Goethe-Nachfolge. Sie wollten beide der Goethe des 20. Jahrhunderts werden. Hauptmann wollte das auf eine etwas plumpe Weise, wie nicht nur Thomas Mann fand. Während Hauptmann so weit ging, sich dem Vorbild auch äußerlich anzunähern, zog Thomas Mann einen mehr intellektuellen, ironischen und viel weniger ernsten Umgang mit Goethe vor; er wollte ihn auf einer modernen, höheren Bewusstseinsstufe verkörpern, eine Weiterentwicklung und keine Kopie, mit der ihm Hauptmann zusehends auf die Nerven ging – ein handfestes Motiv also für einen Königsmord, den Thomas Mann denn auch genüsslich ausführte. Hauptmann kam wie gerufen.

Zur Gelegenheit kam die künstlerische, kompositorische Notwendigkeit. Schon vor den Bozener Urlaubstagen wusste Thomas Mann, dass der *Zauberberg* eine Figur vertragen könnte, an der sich das Humanitätsproblem, das den Roman ohnehin beherrschte, noch einmal behandeln ließ, eine Figur, in der er die Gegensätze von Todessehnsucht und Liebe zum Leben, Musik und demokratischer Gesittung, Krankheit und Gesundheit unterbringen und, wer weiß, vielleicht sogar zu einer Synthese bringen könnte; einer Synthese, die zwar nicht ganz ernst gemeint zu sein brauchte – der enorm humoristische Charakter des ganzen Unternehmens stand von Anfang an außer Frage –, die aber den Roman auf eine höhere, gar nicht mehr intellektuelle Stufe stellen und ihn im Ganzen auch einem Ende, das immer noch nicht in Sicht war, zuführen könnte.

Mynheer Peeperkorn, dieser halb lächerliche, halb würdige Mann, der keinen Satz zu Ende spricht, der nach dem Leben giert und ihm, aufgrund seiner Impotenz, gar nicht gewachsen ist, der die Bewohner des Sanatoriums mit seiner Genusssucht eine lustige Zeit lang tyrannisiert, bevor er sich selbst vergiftet, ist, geistesgeschichtlich gesehen, eine Mischung aus Goethe und Nietzsche, aber auch aus dem griechischen Gott Dionysos und Christus. Thomas Mann hatte eine solche Figur längst vorgesehen, aber er brauchte noch äußere Anschauung, und die lieferte ihm Hauptmann:

»Ein eigentümlicher, persönlich gewichtiger, wenn auch undeutlicher Mann«[11] ist das, dem etwas Attrappenhaftes anhaftet, indem er redet, ohne etwas zu sagen.

Damit man sich einen Begriff von der außerordentlichen Komik machen kann, die Thomas Mann mit dieser Figur auf immerhin gut hundert Seiten produziert, hier eine längere Kostprobe:

»Er sagte mit ziemlich leiser Stimme: ›Meine Herrschaften. – Gut. Alles gut. Er-ledigt. Wollen Sie jedoch ins Auge fassen und nicht – keinen Augenblick – außer acht lassen, daß – Doch über diesen Punkt nichts weiter. Was auszusprechen mir obliegt, ist weniger jenes, als vor allem und einzig dies, daß wir verpflichtet sind, – daß der unverbrüchliche – ich wiederhole und lege alle Betonung auf diesen Ausdruck – der *unverbrüchliche* Anspruch an uns gestellt ist – – *Nein!* Nein, meine Herrschaften, nicht so! Nicht so, daß ich etwa – Wie weit gefehlt wäre es, zu denken, daß ich – – Er-*ledigt*, meine Herrschaften! Vollkommen erledigt. Ich weiß uns einig in alldem, und so denn: zur Sache!‹ Er hatte nichts gesagt; aber sein Haupt erschien so unzweifelhaft bedeutend, sein Mienen- und Gestenspiel war dermaßen entschieden, eindringlich, ausdrucksvoll gewesen, daß alle und auch der lauschende Hans Castorp höchst Wichtiges vernommen zu haben meinten oder, sofern ihnen das Ausbleiben sachlicher und zu Ende geführter Mitteilung bewußt geworden war, dergleichen doch nicht vermißten. … Ein junger Chinese … am anderen Tischende, der des Deutschen noch wenig mächtig war, aber gehört und gesehen hatte, bekundete seine erfreute Befriedigung durch den Ruf: ›Very well!‹ – und applaudierte sogar.«[12]

Tatsächlich hatte Gerhart Hauptmann die Angewohnheit, Sätze nicht zu Ende zu bringen, wenn auch nicht so extrem wie Peeperkorn. Thomas Mann hat das aufmerksam und mit der ihm dabei eigenen Gehässigkeit studiert. Während der Bozener Urlaubstage kam es zu Trinkgelagen, bei denen er Hauptmann natürlich den Vortritt ließ – erstens, weil er sowieso nicht viel trank, dann aber wohl auch, weil er ihn nüchtern besser im Auge behalten konnte.

Wie hinterlistig er übrigens vorging, wenn es darum ging, Personal aus der Wirklichkeit für sein Werk zu rekrutieren, zeigt das Beispiel Arthur Holitschers, eines Kollegen, den Thomas Mann im Jahre 1900 kennengelernt hatte. Nach einem Besuch in dessen Schwabinger Wohnung bleibt er auf der Straße stehen, dreht sich um, sieht hinauf zur Wohnung und sieht gerade noch, wie ein Schatten vom Fenster verschwindet. Thomas Mann hatte ihm hinterherspioniert, Holitscher will sogar ein Opernglas gesehen haben. Die Aktion hat sich allerdings gelohnt, aus Holitscher wurde Detlev Spinell, der so genannte »verweste Säugling«[13] und komische Schriftsteller-Held der Novelle *Tristan* aus dem Jahr 1903, die wie der *Zauberberg* in einem Lungensanatorium spielt und als Fingerübung für den großen Roman gelten kann.

Als es ein knappes Jahr nach dem Bozener Beisammensein, im Sommer 1924, zu einer neuerlichen Begegnung mit Hauptmann kam, hatte er genug Stoff für Peeperkorn zusammen. Diesmal war es ein gemeinsamer Familienurlaub auf Hiddensee, bei dem es wieder zu Trinkgelagen kam, wie Thomas Manns Tochter Erika in einem Brief an ihre Freundin Pamela Wedekind berichtet. Die Peeperkorn-Kapitel waren, nach allem, was wir über die Entstehung des Romans wissen, weitgehend fertig; Thomas Mann hat nur noch Ausbesserungen und Ergänzungen vorgenommen.

Danach kommt man ihm auf die Schliche, die Ähnlichkeiten mit der Romanfigur sind zu auffällig. Thomas Mann reagiert sofort und schreibt, beinahe panisch, am 6. Januar 1925 an den Schriftsteller-Kollegen Herbert Eulenberg, der Wind von der Peeperkorn-Sache bekommen hat: »Was wollen Sie tun? Schreiben über den Fall Peeperkorn?« Er windet sich und redet zunächst nur von »einzelnen äußerlichen Zügen«, die Peeperkorn von Hauptmann habe. Die Angst, die Scherereien wie damals mit den *Buddenbrooks* könnten sich wiederholen, sitzt aber offenbar so tief, dass er das Delikt selbst beim Namen nennt: »Es wäre ein schwerer Schlag für mich, menschlich genommen, wenn der Gedanke an Verrat, boshafte Belauerung, pietätlose Ausbeutung, – ein, wie ich argwöhnen muß, von außen genährter Keim – in Hauptmanns Seele Wurzel geschlagen haben sollte.« Und dann kommt eine Frage, mit der er sich selbst überführt. Er redet von Peeperkorns Selbstmord, mit dem dieser abdanke, und das kann sich nur auf den König Gerhart Hauptmann beziehen: »Was hätte auch darüber hinaus die Existenz Hauptmanns mit derjenigen des ehemaligen Kaffeehändlers von Java zu tun, der mit seiner Malaria und seiner abenteuerlichen Geliebten nach Davos kommt und sich abdikationsweise mit asiatischen Drogen tötet?«[14] Eine ganze Menge. Thomas Mann hatte Hauptmann die Abdankung nahegelegt oder sie ihm gewünscht.

Aber Hauptmann dachte nicht daran. Er entwirft einen Brief an den gemeinsamen Verleger Samuel Fischer, in dem er die Ähnlichkeiten mit Peeperkorn eher bestätigt als leugnet. Und Thomas Mann? Der kriecht am 11. April 1925 heuchlerisch zu Kreuze, leugnet auch gar nicht mehr, aber redet sich doch heraus. Er habe gesündigt, aber das sei eben höhere Notwendigkeit gewesen, die sich – und das ist eigentlich der Gipfel seiner Hinterlist – paare mit künstlerischer Naivität: »Ich darf sagen, ich habe gesündigt, wie Kinder sündigen. Denn glauben Sie mir, (ich glaube, Sie glauben es): ich habe vom Künstlerkinde viel mehr in mir, als diejenigen ahnen, die von meinem ›Intellektualismus‹ schwatzen; und da Sie auch ein Künstlerkind sind, ein erhabenes, verständnisvolles und nachsichtiges Kind der Kunst, so hoffe ich, mir mit diesen Zeilen, mögen sie auch noch so unzulänglich ausfallen, Ihre Verzeihung *ganz* zu erringen, die ich – lassen Sie mich das glauben – *halb* schon immer besaß.«[15]

Hauptmann verzeiht ihm tatsächlich. Er schickt ein Telegramm, als wäre es an ihm, sich zu entschuldigen – »Fern allem Groll begrüsse ich Sie in alter Herzlichkeit. Brief folgt.«[16] –, und wenige Wochen später, bei einer Generalprobe für ein Hauptmann-Stück, schütteln sie sich schon wieder die Hände. Aber Thomas Mann kann sich gegenüber Erika eine Bosheit nicht verkneifen: »Wir haben uns viel die Hände gedrückt, und alles ist wieder in der Reihe.

Er ist ein so gutes Format, ich liebe ihn sehr. Und das Festspiel ist auch so eine zu Herzen gehende Quasselei.«[17] Hauptmann geht in seiner Großzügigkeit so weit, dass er am 6. Juni 1925, an Thomas Manns 50. Geburtstag, eine Rede auf den Jubilar hält, in der er vor allem den *Zauberberg* lobt, wie es Thomas Mann selbst nicht besser hätte machen können.

Und als wäre das noch nicht genug, setzt er sich dafür ein, dass Thomas Mann den Nobelpreis bekommt, den er, Hauptmann, ja bereits hat. Angeblich hat er bei dem schwedischen Germanisten Frederik Böök, dem sogenannten Kingmaker der Akademie angerufen und anschließend Thomas Mann benachrichtigt, die Sache sei geritzt, er bekomme den Preis, allerdings, darauf hatte Böök bestanden, für die *Buddenbrooks* und nicht für den *Zauberberg*.

Vielleicht hat sich Hauptmann deshalb so großzügig verhalten, weil er irgendwann gemerkt hat, dass Peeperkorn eben doch nicht ausschließlich die Witzfigur ist, als die sie ihm anfangs erschienen war. Immerhin bringt Peeperkorns Auftritt die beiden Schwätzer Settembrini und Naphta, die dem Roman sein intellektuelles Gepräge auf bisweilen überambitionierte Weise verleihen, zum Schweigen. Die beiden verzwergen geradezu neben Peeperkorns Format, und Thomas Mann legte Wert auf die Feststellung, dass die Figur so jämmerlich nicht sein könne.

Aber ob Hauptmann das auch so gesehen hat, lässt sich schwer sagen. Es ist jedenfalls kaum zu begreifen, warum er sich so generös gab und obendrein noch auf die Idee kam, Thomas Mann zu duzen, was dieser zu verhindern wusste. Thomas Mann hat sich über Hauptmanns Zutraulichkeit, der es fern lag, nachtragend oder misstrauisch zu sein, denn auch gewundert. Noch im Alter, in seinem Begleitessay *Die Entstehung des Doktor Faustus*, spricht er von Hauptmanns »großartiger Duldsamkeit«, aber auch hier wieder: »Ich leugne nicht das Gran Ironie, das meiner Bewunderung für ihn beigemischt war …«[18] Der Ironiker hatte sich des Königs entledigt.

Um noch einmal auf die Hauptmann gewidmete Republik-Rede zurückzukommen: Was Thomas Mann hier sagt, ist natürlich alles Stoff für den *Zauberberg*. Als säße Hans Castorp und nicht Gerhart Hauptmann mit im Saal, redet er von den Anfechtungen, denen ein labiler junger Mensch mit guten, aber noch nicht gefestigten Anlagen ausgesetzt ist. Es ist das Problem der »Humanität«: »Zwischen ästhetizistischer Vereinzelung und würdelosem Untergange des Individuums im Allgemeinen; zwischen Mystik und Ethik, Innerlichkeit und Staatlichkeit; zwischen todverbundener Verneinung des Ethischen, Bürgerlichen, des Wertes und einer nichts als wasserklar-ethischen Vernunftphilisterei ist sie in Wahrheit die deutsche Mitte, das Schön-Menschliche, wovon unsere Besten träumten.«[19]

Zumindest Thomas Mann träumte davon und ließ auch Hans Castorp teilhaben daran: »*Der Mensch soll um der Güte und Liebe willen dem Tode keine Herrschaft einräumen über seine Gedanken.*«[20] So lautet der wohl berühmteste Satz des Romans, den sich Hans Castorp träumend selbst vorsagt. Aber er vergisst ihn schnell wieder und hört lieber seine Platten. Und dann geht es in den Krieg: »Wird auch«, fragt der Erzähler zuletzt, »aus diesem Weltfest des Todes, auch aus der schlimmen Fieberbrunst, die rings den regnerischen Abendhimmel entzündet, einmal die Liebe steigen?«[21]

Es war nämlich doch wieder eine Verfallsgeschichte geworden, deren offenes Ende eher katastrophischen Charakter hat. Bis zur Apokalypse hatte es noch gute Weile. Er sollte sie mit dem *Doktor Faustus* beschreiben, dem Werk, in dem Zeit- und Lebensgeschichte noch einmal, und zwar auf äußerst radikale Weise, ineinandergehen. Hier war ein letztes Mal Zeitkritik Selbstkritik. Deshalb, aufgrund dieser Verschränkung, beanspruchte er von Anfang an Repräsentativität.

Und Hauptmann? Was wurde aus ihm? Er hisste am 1. Mai 1933 die Hakenkreuzfahne. Thomas Manns Kommentar im Tagebuch am 9. Mai 1933: »Ich hasse diese Attrappe, die ich verherrlichen half, u. die großartig ein Märtyrertum von sich weist, zu dem auch ich mich nicht geboren weiß, zu dem aber meine geistige Würde mich unweigerlich beruft.«

Kapitel V

DAS GLÜCK IST EIN DIENST – FRAU UND KINDER

»Es scheint, ich bin mit dem Weiblichen endgültig fertig?« Die Frage, die er sich im Tagebuch am 25. Juli 1920 stellt, ist überflüssig – mit dem Weiblichen hatte er nie viel am Hut, trotz Frau und Kindern. Wie kann einer, der homosexuell ist, so ein Doppelleben führen? Die Antwort ist: gar nicht; es war ja gar kein Doppelleben, das er führte. Seine Frau wusste, vermutlich von Anfang an, Bescheid und seine Kinder irgendwann auch. Im Alter hat er sich im Familienkreis ganz offen darüber unterhalten.

Thomas Mann fährt an einem Sommerabend mit dem Zug von Feldafing nach München. Neben ihm sitzt ein junger Mann in weißen Hosen. Die beiden kommen ins Gespräch. Zwei Tage später, an eben jenem 25. Juli schreibt er in sein Tagebuch den eingangs zitierten Satz: »Freude hierüber.« Ansonsten spielt der Sohn Klaus eine große Rolle in der Aufzeichnung, über den Thomas Mann in einer Weise spricht, die ein Jugendamt hätte misstrauisch machen können. Klaus, der in der Familie Eissi genannt wird, ist zu diesem Zeitpunkt 13 Jahre alt:

»Entzücken an Eissi, der im Bade erschreckend hübsch.« An jenem Abend, nach der Heimkehr aus Feldafing, trifft er Eissi lesend im Bett an, was ihn verwirrt, aber nicht, weil Eissi liest, sondern, weil er dabei wenig anhat: »Eissi lag mit nacktem Oberkörper lesend im Bett, was mich verwirrte.« So ist das also. Und außerdem: »Finde es sehr natürlich, daß ich mich in meinen Sohn verliebe.« Von Katja, die er im Tagebuch immer K. nennt, ist in dieser, wie übrigens in so gut wie jeder anderen Aufzeichnung, auch die Rede, aber nicht als von einem Zielpunkt seiner Leidenschaft. In dieser Hinsicht war sie die meiste Zeit uninteressant für ihn.

Mit dem Weiblichen war er also wirklich fertig. Dass er es trotzdem 50 Jahre mit seiner Frau, vor allem: dass sie es so lange mit ihm ausgehalten hat, das ist eine Tatsache, über die sich nicht nur eine Öffentlichkeit wundert, die immer noch an so genannten *coming outs* interessiert ist, sondern gelegentlich auch Thomas Mann selbst. »Dankbarkeit«, verzeichnet er ungläubig am 17. Oktober 1920, »gegen K., weil es sie in ihrer Liebe nicht im Geringsten beirrt oder verstimmt, wenn sie mir schließlich keine Lust einflößt und wenn das Liegen bei ihr mich nicht in den Stand setzt, ihr Lust, d. h. die letzte Geschlechtslust zu bereiten, und so brauche auch ich mich nicht davon erschüttern zu lassen ...«

Nein, davon brauchte er sich nicht erschüttern zu lassen; dafür war Klaus zuständig, über den er kurz vorher notiert: »Starker Eindruck von seinem vormännlichen, glänzenden Körper, Erschütterung.« Woher will er eigentlich so genau wissen, dass es seine Frau nicht vielleicht doch beirrt oder verstimmt? Katja Mann hat weder das eine noch das andere verlauten lassen, dazu war sie zu diskret.

Es ist wohlfeil und gehört sich vielleicht auch nicht, solche Tagebuchstellen, von denen es eine Menge gibt, auszuschlachten und sich auf Kosten eines Mannes lustig zu machen, für den das alles eine äußerst heikle Angelegenheit war. Aber wer eine Vorstellung davon bekommen will, was es mit dieser Ehe auf sich hatte, kann sie nicht ignorieren. Sie liegen der Öffentlichkeit vor, und Thomas Mann hatte zumindest zu Lebzeiten nichts dagegen, dass es eines Tages so weit kommen würde. Freilich hatte er verfügt, man dürfe sie erst zwanzig Jahre nach seinem Tod öffnen und publizieren.

»Über Einsamkeit und ›Weib und Kinder‹ wäre manches zu sagen, d. i. über ihre Würdigkeit, Ratsamkeit, Zuträglichkeit, ihre inneren Wirkungen. Die entscheidende Erwägung und Sicherheit bleibt mir, daß ich mich meiner Natur nach im Bürgerlichen bergen darf, ohne eigentlich zu verbürgerlichen.« So sinniert er am 22. Mai 1919. Er war nicht, wie Tonio Kröger, ein verirrter Bürger, sondern ein Künstler, den es ins Bürgerliche verschlagen hatte, der sich auch mit der Heirat eine entsprechende Fassade aufbaut und diese sorgfältig pflegt.

Das klingt berechnend und nach wenig Leidenschaft, und tatsächlich hat die Eheschließung etwas von Kalkül, das Thomas Mann im Übrigen auch nicht geleugnet hat. Für ihn stellte sich, im Vergleich zum damals noch unverheirateten Bruder, die Sache so dar: Heinrich war sich selbst überlassen; er dagegen konnte nicht mehr machen, was er wollte: »Du nennst mich gewiß einen feigen Bürger.

Aber Du hast leicht reden. Du bist absolut. Ich dagegen habe geruht, mir eine Verfassung zu geben.«[1]

Thomas Mann hat Katja Pringsheim, die aus einer der angesehensten Münchner Familien kam, zum ersten Mal auf einem Bild gesehen, das Friedrich August Kaulbach 1892 gemalt hatte und das den Titel *Kinderkarneval* trug. Fünf Kinder waren darauf zu sehen, alle mit schwarzen Locken, vier Jungen und ein Mädchen, Katja eben, die zu jener Zeit neun Jahre alt war. Thomas Mann, damals 17 Jahre alt, schneidet es sich aus einer Zeitschrift aus und hängt es sich über den Schreibtisch.

Zur ersten persönlichen Begegnung kommt es am 10. Februar 1904, nachdem er ihr eine geraume Zeit hinterher spioniert hat. Thomas Mann spricht vor im Hause Pringsheim in der Münchner Arcisstraße und ist restlos begeistert von Katja, die ihm von nun an nicht mehr aus dem Kopf geht. Auf einem Hausball kommen sich die beiden näher, und Thomas gibt in einem Brief vom 27. Februar 1904 etwas angeberhaft gegenüber Heinrich seine Eindrücke wieder: »Pringsheims sind ein Erlebnis, das mich ausfüllt. Der Vater Universitätsprofessor mit goldener Cigarettendose, die Mutter eine Lenbach-Schönheit, der jüngste Sohn Musiker, seine Zwillingsschwester Katja (sie heißt Katja) ein Wunder, etwas unbeschreiblich Seltenes und Kostbares, ein Geschöpf, das durch sein bloßes Dasein die kulturelle Thätigkeit von 15 Schriftstellern oder 30 Malern aufwiegt …«[2]

Das mit den Malern ist wahrscheinlich eine Spitze gegen Paul Ehrenberg, der Maler war und für den Thomas Mann eine Zeit lang eine ganze Menge übrig hatte. Für Thomas Mann verkörperte er so etwas wie das blühende, unschuldige Leben, gesellig, arglos und immer guter Dinge, also das genaue Gegenteil von diesem jungen Schriftsteller, für den das Verhältnis – wenn man überhaupt von einem solchen sprechen kann; vieles spricht für eine rein platonische Beziehung – literarisch sehr ergiebig war: Paul Ehrenberg, der noch einen Bruder hatte, der Carl hieß und Musiker war, geistert als Figur oder sagen wir besser: als Sehnsuchtsidee durch einige Werke, unter anderen die Erzählungen *Tonio Kröger, Ein Glück,* den Romanteil *Joseph in Ägypten* und, vor allem, den *Doktor Faustus,* wo er als Rudi Schwerdtfeger noch einmal auftaucht und ein grauenhaftes Ende findet.

Thomas Mann hatte Paul Ehrenberg 1899 kennengelernt und ließ sich von ihm zu Ausbrüchen hinreißen, die für seine Verhältnisse ziemlich pathetisch und sentimental waren, die er aber literarisch zu überhöhen wusste. Paul war der Typ, der es allen recht machen wollte, ohne höhere geistige Interessen, aber nett und zutraulich, und so erscheint er nachher auch im *Doktor Faustus.* Thomas Mann kommt so bald nicht von ihm los, erst 1903 kühlt die Begeisterung ab, vermutlich nach einem Streit; danach verliert man sich aus den Augen.

Katja Pringsheim war nicht die einzige Frau, der er mit Heiratsabsichten begegnete. Im Frühjahr 1901 hatte er in Florenz die Engländerin Mary Smith kennengelernt. Stichwortartig erzählt er davon später in seinem *Lebensabriß,* seine homosexuellen Neigungen rhetorisch unterdrückend, als wäre etwas anderes als die Beziehung zu einer Frau nie in

Frage gekommen, als wäre er immer schon auf Freiersfüßen durchs Leben spaziert. Die Beziehung zu Mary Smith verlief jedenfalls im Sande, und zwar in beiderseitigem Einvernehmen, wie Thomas Mann annahm.

Dass seine homosexuellen Anflüge ihn nicht von Heiratsabsichten und später auch nie von der Ehe abbringen konnten, ist als Tatsache zu akzeptieren. Es gibt zu derartiger Widersprüchlichkeit, die für ihn gar keine war, ein Zitat aus dem Goethe-Roman *Lotte in Weimar*, in dem Goethes Mitarbeiter Riemer zu Charlotte Kestner, geb. Buff sagt: »Die Wahrheit, verehrteste Frau, genügt sich nicht immer in der Logik; um bei ihr zu bleiben, muß man sich hie und da widersprechen.«[3]

Die Sache mit Paul Ehrenberg war gerade zu Ende, da fing er an, sich für Katja Pringsheim zu interessieren. Es muss recht förmlich zugegangen sein bei der Brautwerbung, die sich derartig hinzog, dass Thomas Mann mehrmals drauf und dran war, die Nerven zu verlieren. In dieser Zeit verschickte er Briefe, in denen er sie als seine »Königin« anredete und sich ansonsten darüber beschwerte, dass die Sache nicht voranging. Katja hielt ihn hin, so dass er, der sonst so reserviert war, sich gezwungen sah, über sich hinaus zu wachsen. Katja erlebte ihn als geradezu draufgängerisch.

Thomas Mann hatte es mit einer 20-jährigen, sehr schönen und sehr selbstbewussten Mathematik-Studentin zu tun, die sich überlegte, ob sie nicht eine Doktorarbeit schreiben sollte, während er selbst noch nicht einmal Abitur hatte. Er war ein lebensferner und außerordentlich komplizierter

Schriftsteller, der mit dem Roman-Debüt der *Buddenbrooks* zwar glänzend dastand und auch in der Münchner Gesellschaft entsprechend angesehen wurde; aber Katja Mann dachte nicht daran, sich davon beeindrucken zu lassen.

Thomas Mann ging anfangs sogar davon aus, dass Katja ihn nicht leiden könne, und hatte wohl auch den einen oder anderen Anhaltspunkt dafür. Denn Katja Mann war eine schnippische Person, die nicht leicht zu erobern war, die mit ihrem Leben auch so zufrieden war und es mit dem Heiraten infolgedessen keineswegs eilig hatte. Hinzu kam Thomas' etwas heikle Verfassung: Er vertrug nicht viel, und das sprach sich herum in Katjas Familie, die ihn bald den »leberleidenden Rittmeister« nannte.

Thomas Mann seinerseits sah keinen Grund, sich zu verstellen. Eine Menge Rhetorik war nur erforderlich, von der uns beachtliche Kostproben vorliegen. Ende Mai 1904 gibt er ganz offen zu, »daß ich mir wohl bewußt sei, nicht der Mann zu sein, um einfache und unmittelbar sichere Gefühle zu erwecken. Ich füge heute hinzu, daß ich dies nicht geradezu als einen Einwand gegen mich betrachte. Gemischte Empfindungen, ›Rathlosigkeit‹ zu verursachen, ist ja, verzeihen Sie! ein Zeichen von Persönlichkeit. Wer niemals Zweifel, niemals Befremden, niemals, sit venia verbo, ein wenig *Grauen* erregt, wer einfach immer nur geliebt wird, ist ein Trottel ...«[4] So einer war Paul Ehrenberg, und mit dem wollte er nicht tauschen, auch wenn er auf dessen einfaches Glück beziehungsweise auf das, was er dafür hielt, neidisch war. Das Grauen aber, das er glaubte Katja zu verursachen, die er immer noch siezt, kann so schlimm nicht gewesen sein. Am 4. Oktober 1904 teilt er dem Freund Kurt Martens in Kursivschrift mit, dass er sich »gestern *mit Katja Pringsheim verlobt habe*«.[5] Martens ist, neben Katjas Zwillingsbruder Klaus, sein engster Vertrauter in dieser Sache, den er regelmäßig auf dem Laufenden hält.

Die Verlobung aber – »auch kein Spaß«[6], wie er Heinrich gegenüber zugibt. Als müsste er sich dafür rechtfertigen oder als wollte er sich für sein Glück auch noch bedauern lassen, beklagt er sich darüber, wie anstrengend es sei, in eine Familie einzuheiraten, Haltung zu bewahren und im Ganzen wie ein normaler, zurechnungsfähiger Mensch zu wirken. Wenn man ihn so hört, dann könnte man den Eindruck gewinnen, er habe nur aus Pflichtgefühl geheiratet, jeder Zoll ein Ethiker, als der er sich auch gerne gab: »Nie habe ich das Glück für etwas Leichtes und Heiteres gehalten, sondern stets für etwas so Ernstes, Schweres und Strenges wie das Leben selbst – und vielleicht *meine* ich das Leben selbst. Ich habe es mir nicht ›gewonnen‹, es ist mir nicht ›zugefallen‹, – ich habe mich ihm *unterzogen*: aus einer Art Pflichtgefühl, einer Art Moral, einem mir eingeborenen Imperativ, den ich, da er ein Zug vom Schreibtische *weg* ist, lange als eine Form der Liederlichkeit fürchtete, den ich aber mit der Zeit doch als etwas Sittliches anzuerkennen gelernt habe. Das Glück ist ein Dienst ...«[7]

Die Bemerkung vom Schreibtisch führt noch auf ganz andere Bedenken, die mit seiner Karriere zu tun haben: Er fürchtet, wenn er erst verheiratet ist, dann ist er als Schriftsteller erledigt, weil er dann keine Zeit mehr hat und auch keinen vernünftigen Stoff, keine Inspiration mehr – eine Sorge übrigens, die auch Franz Kafka hatte und die diesen dauerhaft von der Ehe abgehalten hat. Thomas Mann überwand diese Bedenken desto leichter, als er immer der Meinung war, dass zu einem Dasein als repräsentativer Schriftsteller seiner Epoche ein ordentlicher Familienstand gehörte. Was er nicht überwand, das war ein beinahe extremes Einsamkeitsgefühl, das er als psychische Notwendigkeit aber akzeptierte: »Hat man Tiefe, so ist der Unterschied zwischen Einsamkeit u. Nicht-Einsamkeit nicht groß, nur äußerlich.« So schreibt er es am 22. Mai 1919 ins Tagebuch.

Was ein Leben mit Katja betraf, so war er sich von Anfang an darüber im Klaren, dass es auch hier Grenzen der Mitteilsamkeit geben würde, die er als solche aber gleichfalls akzeptierte. Im Herbst 1904, zur Verlobungszeit, schreibt er in sein Notizbuch: »Völlig darf ich mich ihr ja doch nicht mittheilen. Meinem Gram, meinen Qualen ist sie nicht gewachsen. Aber ohne diese Kluft würde ich sie wohl weniger lieben. Ich liebe nicht, was mir gleich ist oder was mich auch nur versteht.«[8]

Aber ein verheiratetes Leben war schließlich auch Leben und als solches geeignet, es literarisch umzumünzen. »Das Leben, das Leben!«, fährt er brieflich gegenüber Heinrich fort: »Es bleibt eine Drangsal. Und so wird es mich denn wohl auch mit der Zeit noch zu ein paar guten Büchern veranlassen.«[9] Das erste Buch, der erste Roman, den er nach der Eheschließung schreibt, missrät ihm aber. In *Königliche Hoheit* hat er die Angelegenheit mit

Katja auf eine märchenhafte Weise verarbeitet; ganze Passagen aus den dazu gehörigen Briefen verwendete er dafür. Es ist das Märchen von der Millionärstocher Imma Spoelmann, die sich von dem Prinzen Klaus Heinrich so lange bedrängen lässt, bis sie ihn schließlich heiratet. Als eine Art Prinz sah Thomas Mann sich selbst, und was dieser Klaus Heinrich am Ende des Romans faselt, das schwebte wohl auch Thomas Mann selbst vor: »Das soll fortan unsre Sache sein: beides Hoheit und Liebe, – ein strenges Glück.«[10]

Darüber musste sich aber niemand aufregen, weder Katja noch sonst jemand aus ihrer Familie. Es waren, abgesehen von den paar Spitzen, die er sich auch hier nicht verkneifen konnte, harmlose Gestelztheiten und, verglichen mit dem, was er sich mit *Wälsungenblut* erlaubte, nicht der Rede wert.

Wälsungenblut aber, die extrem dekadente Erzählung, die er im August 1905 während eines Aufenthalts an der Ostsee begann und die er im Spätherbst desselben Jahres, als das erste Kind geboren wurde, in München abschloss, wurde sein erster Skandal, neben dem auch die Irritationen, welche die *Buddenbrooks* hervorgerufen hatten, nicht ins Gewicht fielen. Es war die in Berlin-Tiergarten in vornehmem Haus spielende Geschichte der Zwillinge Siegmund und Sieglinde Aarenhold, zwischen die sich ein ehrbar-bürgerlicher Beamter drängt, von Beckerath, der Sieglinde gegen deren anfänglichen Willen heiraten soll. Denn Sieglinde ist zufrieden mit dem, was sie hat, nämlich ihren Bruder. Sie verführen sich gegenseitig, und zwar auf einem Eisbärenfell, auf dem sich die beiden übereinander hermachen: »Sie küßte ihn auf seine geschlossenen Augen; er küßte sie auf den Hals unter den Spitzen des Mieders. Sie küßten einander die Hände. Mit einer süßen Sinnlichkeit liebte jedes das andere um seiner verwöhnten und köstlichen Gepflegtheit und seines guten Duftes willen. Sie atmeten diesen Duft mit einer wollüstigen und fahrlässigen Hingabe, pflegten sich damit wie egoistische Kranke, berauschten sich wie Hoffnungslose, verloren sich in Liebkosungen, die übergriffen und ein hastiges Getümmel wurden und zuletzt nur ein Schluchzen waren – –«.[11]

Und das alles auf einem Eisbärenfell! Aber das war es gar nicht. Was Skandal machte, war, dass es sich bei dieser an Wagners Wälsungen-Zwillingsinzest angelehnte Novelle um eine »Judengeschichte«[12] handelte, wie Thomas Mann offen zugab. Sie war stellenweise ziemlich klischeehaft. Im Handumdrehen wurde daraus ein Antisemitismus-Vorwurf, der Thomas Mann übertrieben vorkam, den er aber auch nicht entkräften konnte. Er hatte das Manuskript Mitte November für das Januar-Heft der im S. Fischer-Verlag erscheinenden *Neuen Rundschau* nach Berlin geschickt. Deren Herausgeber Oskar Bie nahm Anstoß an dem jiddischen Ausdruck »beganeft«, der ganz am Schluss der Novelle vorkommt: Die Zwillinge sagen sich, nach vollzogenem Akt, sie hätten ihn »beganeft, den Goy«, betrogen also. Thomas Mann schrieb den Schluss um, jetzt hieß es über den gehörnten von Beckerath: »Er wird ein minder triviales Dasein führen, von nun an.«[13]

Aber das half nichts. Das Gerücht, Thomas Mann habe etwas Antisemitisches geschrieben, war nicht mehr aus der Welt zu bringen. Vermutlich war es ein Buchhändler-Lehrling, der die Makulatur-Bögen mit dem ursprünglichen Schluss in Umlauf brachte. In München, wo er als Verfasser eines so genannten Schlüsselromans ohnehin einschlägig bekannt war, erzählte man sich schon, Thomas Mann habe sich mit seiner Novelle rächen wollen für all das, was er als Freier im Hause Pringsheim habe erdulden müssen: dass man ihm nämlich dort von Anfang an das Gefühl gegeben habe, ein Störenfried zu sein, der eindringe in die innige Lebensgemeinschaft von Katja und Klaus Pringsheim.

Um herauszufinden, wie man dort darüber dachte, las er den Text im Familienkreis vor. Katjas Bruder Klaus fand sich natürlich sofort in Siegmund Aarenhold wieder, aber sonst gab es offenbar keine Beanstandungen, auch an dem Eisbärenfell nicht, das tatsächlich im Hause Pringsheim in der Bibliothek lag. Aber der Geheimrat Pringsheim war gar nicht dabeigewesen bei der Lesung, Thomas Mann war hier also nicht entscheidend weitergekommen. Sicherheitshalber telegraphierte er nach Berlin, und die *Neue Rundschau* erschien dann ganz ohne die schwülstige Novelle, die auch mit dem entschärften Schluss noch gewagt genug war. *Wälsungenblut* erschien, mit geändertem Ende, 1921 in einer limitierten Auflage.

1931 gab es eine französische Übersetzung, die ziemliches Aufsehen erregte, denn man hatte die Ursprungsversion als Grundlage genommen. Und jetzt wurde die Sache wirklich gefährlich; von Blutschande war nun die Rede, und die wog schwerer als antisemitische Klischees, die in den dreißiger Jahren ohnehin niemanden mehr gestört hätten. Es braute sich etwas zusammen über Thomas Mann, das nur zwei Jahre später zum Ausbruch kommen sollte und ihn mit seiner Familie, zu der inzwischen sechs Kinder gehörten, aus dem Land trieb.

Sechs Kinder also. Erika kam im November 1905 zur Welt, Klaus ein Jahr später. 1909 wurde Golo geboren, wieder ein Jahr später Monika. Und dann gab es noch zwei Nachzügler, 1918 Elisabeth, 1919 Michael. Die beiden ältesten wandten sich früh der Kunst.zu, Klaus wurde Schriftsteller, Erika Schauspielerin. Golo wurde Historiker, Monika Schriftstellerin, Elisabeth Politologin und Meeresbiologin, Michael erst Musiker und später Germanist.

Nur Elisabeth ist noch am Leben, die Medi genannt wurde und zusammen mit Erika Thomas Manns Lieblingstochter war, woraus dieser auch gar kein Geheimnis machte. Denn im Bevorzugen war er groß, ungefähr so groß wie Jaakob, Josephs Vater aus der Roman-Tetralogie. »Ich hatte«, verzeichnet das Tagebuch am 10. März 1920, »Gefallen an Erika und Klaus, stellte wieder fest, daß ich von den Sechsen drei, die beiden Ältesten und Elisabethchen mit seltsamer Entschiedenheit bevorzuge.«

Das mit Klaus stimmt nur zum Teil. Thomas Mann schwärmte für seinen ältesten, hochproblematischen Sohn, solange dieser noch ein Knabe war. Mit der Zeit aber ging ihm dessen Lebenswandel auf die Nerven. Klaus war in vielem das genaue Gegenteil des Vaters, tat sich hinsichtlich seiner homosexuellen Neigungen und auch sonst wenig Zwang an. Er unternahm kostspielige Reisen, verkehrte in vornehmen und weniger vornehmen Kreisen, lieferte, gemeinsam mit Erika, den Zeitungen mit Eskapaden Gesprächsstoff und lag den Eltern praktisch bis zuletzt auf der Tasche.

Thomas Mann stand auch der Schriftstellerei seines Sohnes, der bald in die Drogensucht abglitt und immer haltloser wurde, reserviert gegenüber, lobte ihn hier und da wohlwollend, aber das waren meistens bloß Floskeln. Mit der Produktion des Sohnes konnte er im Grunde nicht viel anfangen.

Es gibt zwei Ereignisse, die auf den Vater ein merkwürdiges, man könnte auch sagen: kaltes Licht werfen. Das eine ist die Geschichte mit der Exilzeitschrift *Die Sammlung*, die Klaus von September 1933 an bei Querido in Amsterdam herausgab und für die eigentlich auch Thomas Mann hätte Beiträge liefern sollen. So jedenfalls war es im ersten Heft angekündigt. Aber daraus wurde nichts.

Thomas Mann ließ sich von Gottfried Bermann-Fischer, der den S. Fischer-Verlag inzwischen leitete, dazu drängen, seine Zusage zurückzuziehen; denn eine Mitarbeit bei diesem unverhohlen nazikritischen Literaturmagazin hätte Fischers Ansicht nach bedeutet, dass Thomas Mann, der zu dieser Zeit an seinem *Joseph*roman schrieb, seine immer noch gute Position beim deutschen Lesepublikum gefährdet und auch den S. Fischer-Verlag geschwächt, wenn nicht gar ruiniert hätte – eine Sorge, die Thomas Mann teilte und nach der er sich auch richtete. Er ließ den Sohn im Stich und setzte ein Telegramm auf: Er müsse bestätigen, dass der Charakter des ersten Heftes dem ursprünglichen Programm nicht entspreche. Der Verleger war zufrieden.

Klaus hat diese Sache keineswegs an die große Glocke gehängt, sondern sich im Gegenteil zurückhaltend darüber geäußert, womit über die Enttäuschung, die er empfunden haben mag, nichts gesagt ist. Er wurde später amerikanischer Soldat, ging nach Nordafrika und Italien und flößte wenigstens auf die Weise dem Vater etwas Respekt ein.

Die zweite Enttäuschung kann er nicht mehr mitbekommen. Es ist Mai 1949, Thomas Mann ist mit Katja auf Vortragsreise in Schweden. Am Abend des 22. Mai erhalten die Eltern im Stockholmer Hotel ein Telegramm aus Cannes, wo Klaus nach einer Überdosis Morphium im Sterben liegt. Kurz darauf kommt telefonisch die Nachricht von seinem Tod. Der Vater notiert im Tagebuch: »Mein Mitleid innerlich mit dem Mutterherzen und mit E. Er hätte es ihnen nicht antun dürfen.« Von sich selbst und davon, was er eventuell empfindet, ist nicht die Rede.

Es ginge zu weit, wollte man behaupten, Thomas Mann habe eben nichts empfunden, als sein Sohn starb. Aber der Legende, die aus ihm einen liebevollen Familienvater machen will, muss man nicht unbedingt folgen. »Komm heim, wenn du elend bist«, hat er angeblich einmal zu Klaus gesagt, und das wird oft zitiert, damit aus dem distanzierten und zuweilen kalt-teilnahmslosen Mann ein herzensguter Vater wird. Dass er das nicht war, wusste er selbst, und wer ihn dennoch dazu machen will, nimmt ihn nicht ernst.

Ähnlich lag der Fall beim Jüngsten, bei Michael, für den der Vater nicht nur nicht viel übrig, sondern zeitweise sogar eine gewisse Abneigung hatte. Es ist eine bittere Ironie, dass ausgerechnet er, über den sich in Thomas Manns Tagebüchern fast nur abfällige Bemerkungen finden, diese Tagebücher hätte herausgeben sollen. Dazu kam es freilich nicht mehr. Auch er brachte sich um, und daran waren, wie manche finden, die Tagebücher des Vaters und damit dieser selbst schuld. Die Frage aber, ob jemand, der fast sechzig Jahre nach seiner Geburt liest, dass er kein Wunschkind war und der Vater ihn nicht mochte, sich gleich umbringen muss, wird meistens gar nicht gestellt. Michael war genauso haltlos wie Klaus, und beide mögen ihre Schwierigkeiten damit gehabt haben, sich in einem solch monströsen Schatten, wie der Vater ihn warf, zu entfalten. Aber eine Kausalbeziehung ist daraus nicht abzuleiten.

Wer sich ein Bild davon machen will, wie das Familienleben abseits von solchen Lebenskatastrophen aussah, der lese die 1925 erschienene Erzählung *Unordnung und frühes Leid*, die nicht nur stark autobiographische Züge trägt, sondern auch ganz gut darüber Auskunft gibt, was sich die drei Lieblingskinder herausnehmen durften bei einem Vater, der seine Rolle beständig ironisierte, sich von Elisabeth »Tommy« nennen und von Erika und Klaus auf der Nase herum tanzen ließ.

So ist es auch in der Erzählung: Ingrid und Bert sind Erika und Klaus nachgebildet und können im Prinzip machen, was sie wollen, ohne dass der Vater, der Geschichtsprofessor ist und Abel Cornelius heißt, den Willen und die Energie aufbrächte, ihre Exaltiertheiten zu bremsen.

Es muss, wenn wir der Erzählung glauben können, ein ziemlich affektierter Umgangston im Hause Mann geherrscht haben, von »Greislein« und »Vorfahr« war die Rede, wenn die Eltern gemeint waren. Lorchen als Elisabeth ist ein verwöhntes Kind, an dem der Vater mit zärtlicher Liebe hängt, während für das so genannte Beißerchen, also Michael, nicht mehr viel Sympathie bleibt. Es sind aber nur vier Kinder in der Erzählung, für Golo und Monika ist kein Platz.

Es ist kein Wunder, dass, abgesehen von Erika, die dem Vater eine immer wichtigere Hilfe wurde, seine Manuskripte las und ihn beriet, nur Elisabeth gut auf ihren Vater zu sprechen war. Klaus hat sich, neben manchem anderen, darüber beklagt, dass sie als Kinder immer leise sein mussten im Haus, weil der Vater entweder schrieb oder schlief. Und Golo, der 1994 starb, wollte nicht im Familiengrab in Kilchberg bei Zürich neben dem Alten liegen; er bekam eine eigene Grabstelle auf demselben Friedhof.

Dennoch war Thomas Mann ein relativ verständnisvoller Vater, das geht aus seinen Tagebüchern hervor. Es war durchaus nicht so, dass er sich keine Gedanken um seine Kinder gemacht, dass er sich nicht um sie gekümmert hätte. Aber seine Arbeit verlangte Ruhe und Disziplin, die in einer Familie mit vielen Kindern nur einzuhalten sind, wenn diese Kinder dafür einen gewissen Preis zahlen. Das war bei den drei un- oder weniger geliebten der Fall. Aber Thomas Mann hat sich die Schiefheit seiner Lage als Familienvater ohne weiteres eingestanden.

Am 20. September 1918 notiert er: »Jemand wie ich ›sollte‹ selbstverständlich keine Kinder in die

Welt setzen. Aber dies Sollte verdient seine Anführungsstriche. Was lebt, will nicht nur sich selbst, weil es lebt, sondern *hat* auch sich selbst gewollt, *denn* es lebt.« Ein fatalistischer Gedanke, der ihn, wie alle fatalistischen Gedanken, nichts kostet. Das Eingeständnis, dass er als Familienvater eigentlich ungeeignet ist, macht er ironisch und schiebt alle Verantwortung der Natur zu – eine beruhigende Strategie: Es ist halt so, ich kann nichts dafür. Dahinter steckt die Willensmetaphysik, die er sich schon in seiner Jugend beim Philosophen Arthur Schopenhauer angelesen hat und derzufolge alles, was lebt, sein Dasein von vornherein bejaht. In der Tagebuchnotiz steckt aber auch das Räsonnement des Homosexuellen, denn der Anlass dafür ist Klaus, von dem er offenbar befürchtet, er werde die Veranlagung erben: »Wie wird das Leben des Jungen sich gestalten?«

Wer wissen will, welche Rolle Katja bei all dem spielte, welchen Einfluss sie aufs Familienleben hatte, der sollte sich nicht unbedingt an die Rede halten, die Thomas Mann anlässlich ihres 70. Geburtstags hielt. Die Familie saß mit Freunden am 24. Juli 1953 im Zürcher Grand-Hotel Dolder zusammen und hörte einem alten und altersdepressiven Mann zu, der eine erstaunlich muntere Rede vortrug. Von dem Gemälde erzählte er, auf dem er Katja zum ersten Mal zu Gesicht bekommen hatte, vom Kennenlernen und von der Brautwerbung. Wehmütig ließ er die Zeit, da er der junge *Buddenbrooks*-Autor war, scheu und einsam und doch mit dem festen Willen zu heiraten, wieder auferstehen. Er redete dabei aber, wie es auch sonst seine

Art war, hauptsächlich von sich und von seinen Büchern.

Was er über die Frau sagt, mit der er zu diesem Zeitpunkt beinahe ein halbes Jahrhundert verheiratet ist, das sind redensartliche Floskeln. Er kommt auf ihren energischen und ungeduldigen Charakter zu sprechen, ihre Doppelrolle als liebende Ehefrau und Mutter – aber was besagt das schon? Es ist im Grunde unpersönlich und ohne alle Tiefenschärfe. Aber das konnte auch gar nicht anders sein. Was er über seine Frau dachte, das steht in den Tagebüchern, und was dort nicht steht und er der Welt verschlüsselt mitzuteilen hatte, das ist im erzählerischen Werk nachzulesen, in dem er Katja verschiedentlich porträtiert. Katja ist Imma Spoelmann, die schnippische oder, wie Katja später selbst fand: etwas zu schnippisch dargestellte Millionärstochter aus *Königliche Hoheit*; sie ist Rahel, Jaakobs geliebte Frau aus dem großen *Joseph*roman, mit den dunklen Augen.

Eines aber geht dennoch hervor aus der Geburtstagsrede. Thomas Mann zitiert ein selbst verfertigtes Gedicht, das er seiner Frau in ein Exemplar seines 1938 erschienenen Goethe-Romans *Lotte in Weimar* geschrieben hat und deren entscheidende Verse lauten: »Bleibe Du mir auf dieser Erden / So soll alles fertig werden!«[14] Es war einiges fertig geworden; aber wem das auch zu verdanken war, wer ihn abschirmte gegen eine Außenwelt, der er sich nie recht gewachsen fühlte, wer ihm also in mancherlei Hinsicht den Rücken freihielt, das wussten die Zürcher Zuhörer wohl.

»Frau Thomas Mann«: So nannte sie sich, aber das will nichts heißen, denn das war damals so üblich.

Sie sah sich als Zubehör, wie sie gegenüber der ältesten Tochter Erika einmal äußerte – und nach allem, was sie, insbesondere nach Thomas Manns Tod, über ihr Eheleben verlauten ließ, fand sie nichts dabei, ein Zubehör zu sein, denn als solches war sie unentbehrlich. Sie kümmerte sich um die Angelegenheiten, denen sich der Ehemann nicht gewachsen fühlte, also um fast alles: Haushalt, Kinder, Finanzen, Korrespondenz.

Eine Tagebuchnotiz vom 11. April 1920 gibt Auskunft über ein arbeitsteiliges Leben, in dem sich offenbar beide ganz gut eingerichtet haben: »Sie sagte abends, nachdem wir von unseren relativ günstigen Verhältnissen gesprochen: ›Du mußt reich wieder-heiraten, dann haben *wir* noch mehr Kopeken.‹ Erinnerte mich an die Kleist-Anekdote von J. B. Bach, der gewöhnt war, alle Lebensdinge von seiner Frau besorgen zu lassen (wie ich), und bei ihrem Begräbnis, als man Weisungen von ihm verlangte, schluchzend sagte: ›Fragen Sie meine Frau!‹«

So weit waren die Dinge geregelt. Wo sie weniger geregelt waren, das liegt auf der Hand. Das Sexualleben gab ihm immer wieder Stoff zum Nachdenken – und der Nachwelt Stoff zum Lachen. Man weiß nicht recht, ob er es beabsichtigte, aber was er dazu im Tagebuch festhielt, ist von einer Komik, die man sich nicht unbedingt als unfreiwillig denken muss. Ein »Recontre mit K.«, vermerkt er am 14. Juli 1920 über eine Begegnung, bei der es zu Störungen gekommen sein muss, denn: »Bin mir über meine diesbezügliche Verfassung nicht recht klar. Von eigentlicher Impotenz wird kaum die Rede sein können, sondern mehr von der gewohnten Verwirrung und Unzuverlässigkeit meines ›Geschlechtslebens‹. Zweifellos ist reizbare Schwäche infolge von Wünschen vorhanden, die nach der anderen Seite gehen. Wie wäre es, falls ein Junge ›vorläge‹?«

Katja machte sich, wie gesagt, nichts aus den Anwandlungen ihres Mannes; zumindest ließ sie es ihn nicht spüren. Wer etwa einmal das Interview gesehen hat, das sie als gut Neunzigjährige dem Fernsehen gab, der wird eine große Gelassenheit bemerken, die aus der alten Frau spricht. Mit tiefer Stimme erzählt sie davon, wie sich ihr Mann einst »über die Maßen« in einen Kellner verliebt habe.

Dieser Kellner war Franz Westermeier. Thomas Mann lernte ihn im Sommer 1950 im Zürcher Hotel kennen und warf sofort ein Auge auf ihn. Er nannte ihn »Franzl« und stellte ihm tagelang nach in dem weiträumigen, großzügig geschnittenen Dolder-Gebäude, überlegte, wann er am besten die Mahlzeiten einnehmen könnte, damit er von Franzl bedient würde, wie viel Trinkgeld er ihm geben, wie weit er überhaupt gehen könnte. »*Noch einmal also dies, noch einmal die Liebe*, das Ergriffensein von einem Menschen, das tiefe Trachten nach ihm« – so steht es in der Tagebuchaufzeichnung vom 9. Juli 1950, und man merkt am Ton, dass es kein Spaß war für den alten, weltberühmten Mann, sich zu verlieben, sich noch einmal zu verlieben in einen jungen Mann, bei dem eine nähere Begegnung von vornherein ausgeschlossen war.

Es ist ergreifend zu sehen, wie Thomas Mann im Bewusstsein der kompletten Aussichtslosigkeit auch dieser Schwärmerei noch einmal nachgeht, von gesichertem Posten aus, wie sich versteht, der ihm eine Blamage erspart. Denn, so verfügt er es am 10. Juli: »Banale Aktivität, Aggressivität, die Erprobung, wie weit er willens wäre, gehört nicht zu meinem Leben, das Geheimnis gebietet.« Er hatte sich bis dahin gut geschützt vor öffentlicher Entdeckung und das Nötige nur verklausuliert preisgegeben. Das sollte so bleiben. Es kenne mich die Welt, auf dass sie mir verzeihe – aber erst nach seinem Tod.

Etwas Vertrautes kommt bei dieser Leidenschaft noch einmal an die Oberfläche: Es ist der alte Geist-Leben-Gegensatz, den er auch dieser Episode, die in praktischer Hinsicht freilich folgenlos bleibt, überstülpte, wobei er natürlich wieder der Geist ist und Franzl das Leben, das blühende, unschuldige und etwas dumme Leben, dem von jeher seine Sehnsucht galt. Man kann es gar nicht mal herablassend nennen, wenn Thomas Mann im Tagebuch davon spricht, dass es nicht viel anders als bei einer Mensch-Tier-Beziehung ist: »Sagte übrigens zu Erika, das Wohlgefallen an einem schönen Pudel sei nichts sehr Verschiedenes.« So am 7. Juli 1950, und am nächsten Tag: »Nachdenken über meine Gefühle für den Kleinen, die wirklich viel von Liebe zur Creatur haben.«

Es war viel Kälte um diesen Hundebesitzer, der Leidenschaft und Analyse bequem unter einen Hut bekam. Dass er dennoch litt, wie ein Hund litt und sich nach dem Kellner, den er im Tagebuch humoristisch den »Erreger« nennt – wegen der Pollutionen, die er nachts auslöste –, geradezu verzehrte, das bleibt merkwürdige Tatsache, die ihn zu einem Geständnis nötigte, das den Tagebuchleser erstaunen muss: »Weltruhm ist mir nichtig genug, aber wie gar kein Gewicht hat er mehr gegen ein Lächeln von ihm, den Blick seiner Augen, die Weichheit seiner Stimme!« So am 11. Juli.

Dass Franz Westermeier aber auch Anlass und Gegenstand einer wiederum stark literarisierten Betrachtung war, versteht sich von selbst. Thomas Mann konnte nicht anders, als sein Gefühl, das der Kellner ihm einflößte, ästhetisch zu überhöhen – damit hat er sein Lebenswerk bestritten. Er fährt in der Eintragung fort: »Platen und andere, von denen ich nicht der Unterste, haben das in Scham, Schmerz und mutlosem Gefühl, das dennoch seinen Stolz hat, erlebt.«

Aber schließlich kann er sich den Gedanken, wie es wäre, wenn er dem Kellner doch zu Leibe rückte, nicht aus dem Kopf schlagen. Er fährt ein weiteres Mal fort: »Schließlich bestünden Möglichkeiten, dem Gefühl zielstrebig nachzugehen, Begegnungen herbeizuführen. Wenn ich mich morgens gleich anzöge und auf der Terrasse frühstückte, könnte es leicht sein, daß er Dienst für mich hätte.« Und plötzlich ist Thomas Mann wieder Gustav von Aschenbach, der Schriftsteller-Held aus dem *Tod in Venedig*, mit dem er so viel von sich preisgegeben hatte. Der Knabe Tadzio erscheint dem am Mittelmeerstrand Sterbenden: »Ihm war aber, als ob der bleiche und liebliche Psychagog dort draußen ihm lächle, ihm winke; als ob er, die Hand aus der Hüfte lösend, hinausdeute, voranschwebe ins Verheißungsvoll-Ungeheure. Und, wie so oft, machte er sich auf, ihm zu folgen.«[15] Thomas Mann versagte sich das Verheißungsvoll-Ungeheure; er begnügte sich damit, davon zu träumen. Der Kellner Franz Westermeier war ihm nie zu Diensten.

Es bleibt ein Abenteuer seines Herzens, wie er es bei sich am 11. Juli formuliert: »Aufgenommen ist er in die Galerie, von der keine ›Literaturgeschichte‹ melden wird, und die über Klaus H. zurückreicht zu denen im Totenreich, Paul, Willri und Armin.« Aus Paul Ehrenberg wurde im *Doktor Faustus* Rudi Schwerdtfeger, aus Williram Timpe im *Zauberberg* Pribislav Hippe, aus Armin Martens, einer weiteren Jugendliebe, Tonio Kröger. Aber wer war Klaus H.?

Klaus Heuser kam Thomas Mann im Jahre 1927 unter die Augen, ein junger Mann von damals 17 Jahren, in den sich Thomas Mann heftig verliebte. Es war auf Sylt. Was genau vor sich ging, darüber sind wir nicht informiert, die Tagebuchaufzeichnungen jener Zeit sind nicht erhalten. Sicher ist, dass er nach dem Sylt-Urlaub im Hause Mann in der Münchner Poschingerstraße zu Besuch war. Aber es spielt auch keine Rolle, was passiert ist.

Entscheidend und sehr aufschlussreich ist, wie Thomas Mann das Erlebnis in Erinnerung behält. 15 Jahre später, am 20. Februar 1942, liest er in Amerika in den alten Aufzeichnungen, die damals noch nicht vernichtet waren: »Las lange in alten Tagebüchern aus der Klaus Heuser-Zeit, da ich ein glücklicher Liebhaber. Das Schönste und Rührendste der Abschied in München, als ich zum ersten Mal ›den Sprung ins Traumhafte‹ tat und seine Schläfe an meine lehnte. Nun ja, – gelebt und geliebet. Schwarze Augen, die Tränen vergossen für mich, geliebte Lippen, die ich küßte, – es war da, auch ich hatte es, ich werd es mir sagen können, wenn ich sterbe.«

Von solchen Annäherungen wollte Klaus Heuser später nichts wissen, und es ist nur gut, dass Thomas Mann nicht mehr erfahren hat, wie gleichgültig dem jungen Mann, der von der Schriftstellerei des älteren keinen Begriff hatte, die Sache eigentlich war. Thomas Mann aber behielt die Geschichte in seinem Herzen – als Beweis dafür, dass er innerlich nicht so kalt und verödet war, wie er das sein Leben lang argwöhnte. Auch er also.

Und sonst? Die Schwärmereien blieben, er ging sie aber mit fortschreitendem Alter einigermaßen entspannt an. So heißt es humoristisch am 24. Januar 1946: »Mit dem Hauptmann im Bett zu liegen – wie wärs gewesen?« Er hatte mal wieder Platen gelesen.

Kapitel VI

»THANK YOU, MR. HITLER!« – IM EXIL

Von Alfred Döblin stammt die Bemerkung, Thomas Mann habe die Bügelfalte zum Stilprinzip erhoben. Ganz falsch ist das nicht, auch wenn man in Rechnung stellen muss, dass der Kollege Döblin das vermutlich nur gesagt hat, weil er neidisch war auf Thomas Mann, auf den immer gut angezogenen und so außerordentlich vorzeigbaren Großschriftsteller, der nicht nur geschliffen schrieb, sondern auch so redete.

Neben dem feinen Hanseaten kam sich Döblin – und nicht nur Döblin – vor wie ein Proletarier. Thomas Mann konnte es, im übertragenen Sinne, nicht ertragen, wenn er sich schmutzig machte; allein der Gedanke daran machte ihn krank. Schon oder vielmehr gerade Kleinigkeiten brachten ihn zur Verzweiflung. »Bekümmert über leichte Risse im Elfenbein der neuen Stockkrücke«.[1]

Wenn der Verlag ihm Neuausgaben seiner Bücher ins Haus schickte und er Druckfehler darin entdeckte, verdarb ihm das sofort die Stimmung. So am 20. November 1921, als er im Tagebuch festhält: »Ich habe jedoch an dem neuen Buch, das schon im

Vorwort drei Druckfehler enthält, nicht die geringste Freude.« Aber das ist noch nicht alles an diesem Tag. Die Unterhosen passen ihm nicht: »Auch leide ich seelisch und körperlich darunter, daß No 4 aller Unterkleider mir zu klein, No 5 mir zu groß ist.«

Man darf es geradezu als mutig bezeichnen, dass ein Schriftsteller von diesem Rang Derartiges seinem Tagebuch anvertraute mit der ziemlich sicheren Aussicht, dass das eines Tages alles veröffentlicht würde. Erst da stürzte die Fassade ein, über deren Brüchigkeit er sich keine Illusionen machte. Eine erstaunte Öffentlichkeit nimmt seit fast einem Vierteljahrhundert zur Kenntnis, wie labil und haltlos dieser Mann war, wie leicht aus der Fassung zu bringen.

Was aber Döblin mit dem Bügelfaltenprinzip hämisch meinte, lässt sich auf eine Tatsache umfassenderer Art beziehen, die man ins Auge fassen kann, ohne sie gleich zu werten. Thomas Manns geistig-seelischer Haushalt war ein extrem störanfälliges System. Schon auf den geringsten Misston reagierte er so empfindlich, dass es ihn geradezu lahmlegte. Dabei war es nicht immer moralische Empörung, was ihn verzweifeln ließ, sondern oft genug sein Stilempfinden. Goethe hatte einmal gesagt, er könne besser eine Ungerechtigkeit ertragen als Unordnung, und das hat Thomas Mann mit Interesse registriert. Auf seiner sorgsam gepflegten Oberfläche durfte es keine Kratzer geben, wie es auf Thomas Buddenbrooks Anzug kein Staubfäserchen geben durfte.

Aber die Kratzer kamen. Und einer machte ihm ganz besonders zu schaffen. Das war das Exil. Denn dass er Deutschland eines Tages verlassen musste, das empfand er nicht nur als Unrecht, es störte ihn auch unter ästhetischem Gesichtspunkt. Ruiniert war auf einen Schlag, was er sich mühsam und mit viel Geduld aufgebaut hatte: die Existenz als repräsentativer deutscher Schriftsteller, den er als einen innerlich zwar brüchigen, aber nach außen doch sehr gelungenen Kunstbau zu betrachten geneigt war.

»Daß ich aus dieser Existenz hinausgedrängt worden, ist ein schwerer Stil- und Schicksalsfehler meines Lebens, mit dem ich, wie es scheint, umsonst fertig zu werden suche« – so notiert er am 14. März 1934 im Tagebuch, was als Tatsache schon länger als ein Jahr bestand: Er war nicht mehr in Deutschland, er hatte seine Heimat verloren und sollte bald auch sein Haus in der Münchner Poschingerstraße verlieren, das die Nationalsozialisten beschlagnahmten, sein schönes Münchner Haus, wo er residierte wie Goethe am Frauenplan in Weimar.

Ein Stilbruch ersten Ranges war das, auf den er gekränkt reagierte; fast scheint es, als wäre dies das Hauptübel: dass hier nicht irgendein Schriftsteller, sondern der Goethe des 20. Jahrhunderts emigrieren musste. Das geht aus der zitierten Tagebuchnotiz hervor, in der er zusätzlich erwähnt, was der Lyriker Gottfried Benn gegenüber Ferdinand Lion, dem Redakteur der von Thomas Mann gegründeten Exil-Zeitschrift *Maß und Wert*, gesagt habe: »Die innere Ablehnung des Märtyrertums, die Empfindung seiner persönlichen Unzukömmlichkeit kehrt immer wieder, erneuert sich gerade jetzt und wurde bestätigt und verstärkt durch Lions Wiedergabe einer Äußerung G. Benns von früher: ›Kennen Sie Thomas Manns Haus in München? Es hat wirklich etwas Goethesches‹.« Wenn andere es auch sagten, dann musste es stimmen.

Die Tagebuchnotiz schrieb Thomas Mann im schweizerischen Arosa, wo er mit Katja gewissermaßen Zwangsurlaub machte. Hier wohnte er in dem teuren Neuen Waldhotel und wusste nicht, wie es weitergehen sollte. Die Rede, die er im Auditorium Maximum der Münchner Universität gehalten und die ihm das alles eingebrockt hatte, lag schon mehr als ein Jahr zurück.

Es war durchaus nicht so, dass der Machtantritt der NSDAP am 30. Januar 1933 ihn sofort aus Deutschland vertrieben hätte. Es war Richard Wagner, der ihn dazu veranlasste, oder, genauer gesagt, das, was er von Wagner dachte und unvorsichtigerweise auch öffentlich sagte. Am 10. Februar 1933 hielt er, zum 50. Todestag des Komponisten, den Festvortrag *Leiden und Größe Richard Wagners*, der einer seiner berühmtesten Essays werden sollte.

München war, als Hauptstadt der Bewegung, der Hort konservativ-nationaler Kulturpflege, die sich besonders auf Wagner bezog und von diesem ein Verständnis hatte, das mit dem Wagner-Bild Thomas Manns nichts zu tun hatte. München nannte sich Richard-Wagner-Stadt und stand den feinsinnigen Auslassungen Thomas Manns verständnislos gegenüber, der ihn, geschult an Nietzsche, psychologisch zu durchdringen trachtete. Während das Publikum einen Lobgesang auf einen kerndeutschen Kulturriesen erwartete, porträtierte Thomas

Mann ihn als ängstlichen, nervenkranken und meistens arbeitsunfähigen Erotomanen, der ohne Luxus nicht leben könne und dessen Musikdrama der reine Dilettantismus sei: »Die Psychoanalyse will wissen, daß die Liebe sich aus lauter Perversitäten zusammensetze. Darum bleibt sie doch die Liebe, das göttlichste Phänomen der Welt. Nun denn, das Genie Richard Wagners setzt sich aus lauter Dilettantismen zusammen.«[2]

Nun denn – so dachten auch die Münchner Kulturschaffenden. Sie parierten diese Majestätsbeleidigung mit einem Schreiben, das in der Osterausgabe der *Münchner Neuesten Nachrichten* am 16./17. April 1933 erschien und von mehr als 50 Bürgern unterzeichnet wurde, darunter Richard Strauss, Hans Pfitzner und Hans Knappertsbusch, der als Initiator gilt.

In bereits linientreuem Ton resümiert dieser »Protest der Richard-Wagner-Stadt München« Thomas Manns Entwicklung vom National-Konservativen hin zum liberalen Republikaner: »Nachdem die nationale Erhebung Deutschlands festes Gefüge angenommen hat, kann es nicht mehr als Ablenkung empfunden werden, wenn wir uns an die Öffentlichkeit wenden, um das Andenken an den großen deutschen Meister Richard Wagner vor Verunglimpfung zu schützen. Wir empfinden Wagner als musikalisch-dramatischen Ausdruck tiefsten deutschen Gefühls, das wir nicht durch ästhetisierenden Snobismus beleidigen lassen wollen, wie das mit so überheblicher Geschwollenheit in Richard-Wagner-Gedenkreden von Herrn Thomas Mann geschieht. Herr Mann, der das Unglück erlitten hat, seine früher nationale Gesinnung bei der Errichtung der Republik einzubüßen und mit einer kosmopolitisch-demokratischen Auffassung zu vertauschen, hat daraus nicht die Nutzanwendung einer schamhaften Zurückhaltung gezogen, sondern macht im Ausland als Vertreter des deutschen Geistes von sich reden.«

Thomas Mann ging regelrecht auf Tournee mit seiner Rede und hielt sie außer in München noch in Amsterdam, Brüssel und Paris. Einen Tag nach dem Münchner Vortrag, am 11. Februar, macht sich das Ehepaar Mann an seinem 28. Hochzeitstag auf zu dieser Reise. Von der Münchner Erhebung erfährt Thomas Mann erst am 19. April; da ist er schon in der Schweiz und notiert in Lugano die »Verschärfung des Münchener Falles«, welche durch dieses »hundsföttische Dokument« eingetreten sei: »Heftiger Choc von Ekel und Grauen.«

Geekelt und gegraut hat es ihn wohl auch deshalb, weil die Münchner ihn gewissermaßen zum Undeutschen erklärten. Im Münchner Protest heißt es weiter: »Wir lassen uns eine solche Herabsetzung unseres großen deutschen Musikgenies von keinem gefallen, ganz sicher aber nicht von Herrn Thomas Mann, der sich selbst am besten dadurch kritisiert und offenbart hat, daß er die ›Gedanken eines Unpolitischen‹ nach seiner Bekehrung zum republikanischen System umgearbeitet und an den wichtigsten Stellen in ihr Gegenteil verkehrt hat. Wer sich selbst als dermaßen unzuverlässig und unsachverständig in seinen Werken offenbart, hat kein Recht auf Kritik wertbeständiger deutscher Geistesriesen.«

Denn das hatten die national-konservativen Kreise ihm nicht vergessen, dass er zum Republikanertum übergetreten war, er, der Verfasser der *Betrachtungen eines Unpolitischen*, wie das Werk auch noch hieß, nachdem Thomas Mann in den zwanziger Jahren die reaktionärsten Stellen herausgenommen hatte. Die Münchner hatten das mit Missfallen registriert. Thomas Mann galt also schon länger als national unzuverlässig. Nun war die Gelegenheit günstig, es ihm heimzuzahlen.

Und Thomas Mann wusste nicht, was er machen sollte: nach Deutschland zurückkehren oder im Ausland bleiben. Am 14. April 1933 vermerkt er »die völlige Unmöglichkeit des Voraussagens und Disponierens«. Zwei Tage später heißt es: »Nachts beschloß ich aufs Neue, Deutschland zu meiden.« Aber sicher ist er sich noch lange nicht, ob es auch wirklich richtig ist, nicht zurückzugehen. Das Haus, sein Frauenplan-Goethe-Haus in der Poschingerstraße, hat er genauso zurückgelassen wie sein deutsches Lesepublikum, auf das er als Exilautor verzichten muss. Dass er in Deutschland auf einmal nicht mehr willkommen sein soll, das kann er nicht glauben: »Ich weiß«, schreibt er am 20. Juli 1933 ins Tagebuch, »daß in Berlin Bedauern über mein Außensein besteht; ich will es nähren u. zum Sprechen bringen, vielleicht eine Aktion im Sinne meiner Rückkehr hervorrufen, die Münchner Ochsen desavouieren – und dann die weiteren und eigentlichen Gründe ausführen, aus denen ich mich versage.«

Die »Münchner Ochsen« wurden erst viel später desavouiert, und so lange sie es nicht waren, konnte es ihnen egal sein, was sich Thomas Mann ausdachte, um sie zu blamieren. Seine Erwägung ist umso erstaunlicher, als er die Robustheit, mit der man in München auch über einen so heiklen Fall wie seinen dachte, eigentlich hätte kennen müssen. Er will sich bitten lassen, kommen Sie doch zurück, und dann sagen, nein, vielen Dank, ich komme nicht.

Die Frage ist, was es mit den »weiteren und eigentlichen« Gründen auf sich hatte, die ihn zum Fernbleiben veranlassten und die er im Tagebuch dunkel andeutet. Gewiss drangen Nachrichten von dem Terror, den die Nazis inzwischen machten, zu ihm. »Wird mein Ende elend sein?«, fragt er am 25. September, und man denkt an seinen Ausfall gelegentlich der Ermordung seines Feindes Theodor Lessing. Das wäre gewissermaßen wieder das Bügelfaltenprinzip, dem er sich verpflichtet fühlt: auch im Untergang eine gute Figur machen. Tatsächlich spielen ästhetische Aversionen gegen das Nazi-Regime eine große Rolle. Er ekelt sich vor diesem Pöbel; es ist weniger Todesangst, was er empfindet.

Ob er nicht doch Grund dazu hatte, welche zu haben, ist nicht eindeutig zu sagen. Tatsache ist, dass Reinhard Heydrich, der junge SS-Standartenführer und spätere »Beauftragte der Endlösung der europäischen Judenfrage«, es auf ihn abgesehen hatte. In einem Bericht der Bayerischen Politischen Polizei, den Heydrich für den bayerischen Reichsstatthalter geschrieben hatte, heißt es: »Der Schriftsteller Thomas Mann … ist Gegner der nationalen Bewegung und Anhänger der marxistischen Idee.«

Genüsslich zählt er nun Thomas Manns Vergehen auf: dass er sich abfällig über die nationale Bewegung geäußert habe, Mitglied in den falschen Vereinen sei, ein Judenfreund, der in der kommunistischen Presse schreibe. Fazit: »Diese undeutsche, der nationalen Bewegung feindliche, marxistische und judenfreundliche Einstellung gab Veranlassung, gegen Thomas Mann Schutzhaftbefehl zu erlassen, der aber durch die Abwesenheit desselben nicht vollzogen werden kann. Nach den Weisungen der Ministerien wurden jedoch sämtliche Vermögenswerte beschlagnahmt.«[3] Das war am 12. Juli 1933. Thomas Mann wäre wohl schon an der Grenze verhaftet worden.

Das Haus ist also weg, aber sein deutsches Publikum hat er noch. Die ersten beiden Bände seines Romans *Joseph und seine Brüder* erscheinen, in kurzem Abstand, noch bei S. Fischer in Berlin: 1933 *Die Geschichten Jaakobs* und 1934 *Der junge Joseph*; der dritte Band *Joseph in Ägypten* erscheint 1936 in Wien, der vierte, *Joseph der Ernährer*, 1943 in Stockholm, wohin der Verlag inzwischen seinen Sitz verlegt hat. Thomas Mann ist da längst in seinem neuen Haus in Pacific Palisades an der amerikanischen Westküste. Aber unter den Büchern, welche die Nazis verbrennen sollten, war, anders, als oft behauptet wird, keines von ihm.

Noch am 20. November 1933 denkt er, dass er zurück könnte: »Nervöse Unruhe, die wahrscheinlich mit Gedanken an eine Rückkehr nach Deutschland zusammenhängt. Schließlich brauchte man sich nicht zu benehmen wie Hauptmann und Strauss, sondern könnte eine ernste und jedes Hervortreten ablehnende Isolierung bewahren. Freunde gäbe es genug.«

Dieses und vor allem das Zögern hinsichtlich einer öffentlichen Stellungnahme gegen die Nationalsozialisten ist Thomas Mann nachteilig ausgelegt worden. Besonders seine Familie verübelte es ihm, dass er sich mit einem offenen Bruch mit Nazi-Deutschland Zeit ließ. Die Tagebücher berichten immer wieder von gereizten Unterhaltungen mit Katja, Erika, Klaus und Golo.

Vorderhand ist er mit Selbstbespiegelung befasst und bezieht die sich anbahnende deutsche Barbarei auf sich. Während um ihn herum alles auf den Hund kommt, sonnt er sich in seiner singulären Größe. Am 31. Januar 1935 notiert er sich nachts, auf dem Weg von Wien nach Zürich im Schlafwagen: »Moralisch und kulturell gewinnt meinesgleichen bei zunehmender Applanierung etwas einsam Ragendes«. Und am 15. Februar: »Gefühl von Genie.«

Aber er weiß, dass er um eine deutliche Absage an den Nationalsozialismus auf die Dauer nicht herumkommt. Sie wird, als er sich im Januar 1936 endlich dazu durchringt, in seiner Familie denn auch mit großer Erleichterung aufgenommen. Erika schickt ein Glückwunschtelegramm, nachdem der Vater das entscheidende Schriftstück aufgesetzt hat.

Das entscheidende und sofort als Absage an den Nationalsozialismus wahrgenommene Schriftstück ist ein Offener Brief an den Feuilletonredakteur der *Neuen Zürcher Zeitung* Eduard Korrodi, der dort am 3. Februar 1936 als Leserbrief erscheint. Korrodi hatte in einem Artikel darauf hingewiesen, dass Thomas Manns Werke immer noch in Deutschland erscheinen, und damit zumindest indirekt den Eindruck erweckt, Thomas Mann gehe auf Distanz zu den bereits exilierten deutschen Schriftstellern oder sei womöglich einverstanden mit dem, was in Deutschland vor sich gehe.

Da scheint ihm nun doch eine Richtigstellung angezeigt, die entschlossen und schlagfertig ausfällt und deren entscheidende Passage so lautet:

»Die tiefe, von tausend menschlichen, moralischen und ästhetischen Einzelbeobachtungen und -eindrücken täglich gestützte und genährte Überzeugung, daß aus der gegenwärtigen deutschen Herrschaft nichts Gutes kommen *kann*, für Deutschland nicht und für die Welt nicht, – diese Überzeugung hat mich das Land meiden lassen, in dessen geistiger Überlieferung ich tiefer wurzele als diejenigen, die seit drei Jahren schwanken, ob sie es wagen sollen, mir vor aller Welt mein Deutschtum abzusprechen. Und bis zum Grund meines Wissens bin ich dessen sicher, daß ich vor Mit- und Nachwelt recht getan, mich denen zu stellen, für welche die Worte eines wahrhaft adeligen deutschen Dichters gelten …«[4]

Dieser wahrhaft adelige deutsche Dichter ist natürlich August Graf von Platen, dessen Verse er dann auch zitiert: »Doch wer aus voller Seele haßt das Schlechte, / Auch aus der Heimat wird es ihn verjagen, / Wenn dort verehrt es wird vom Volk der Knechte. / Weit klüger ist's, dem Vaterland entsagen, / Als unter einem kindischen Geschlechte / Das Joch des blinden Pöbelhasses tragen.«[5]

Gelegentlich fragte er sich, ob er der Entwicklung, die Deutschland nahm, nicht doch etwas abgewinnen könnte, ob die Sache nicht ihre zwei Seiten habe. Die so genannte Entjudung des deutschen Beamtenapparates beispielsweise war er zeitweise geneigt, nicht als allzu großes Unglück anzusehen. Aber das waren Schwankungen, die nachließen, als das Entscheidende gesagt war. Der Brief an Korrodi hatte Klarheit geschaffen – ihm selbst, seiner Familie und der Öffentlichkeit. Und dass dieser Schritt Folgen haben würde, das wusste er schon, als der Brief noch gar nicht gedruckt war. Am 31. Januar 1936 notiert er: »Ich bin mir der Tragweite des heute getanen Schrittes bewußt. Ich habe nach 3 Jahren des Zögerns mein Gewissen und meine feste Überzeugung sprechen lassen. Mein Wort wird nicht ohne Eindruck bleiben.« So war es. Sein Schicksal war nun beschlossen und, mit der Platen-Identifikation, zugleich nobilitiert.

Doch jetzt fingen die Schwierigkeiten erst an. Er wusste immer noch nicht, wohin mit sich und den Seinen. Er, der sich im Ausland nie besonders wohl gefühlt hatte, sollte nun auf einmal dauerhaft dort bleiben. Die Tschechoslowakei, deren Bürger Thomas Mann im November 1936 geworden war, kam dafür nicht in Frage, obwohl er es dem Land nie vergessen hat, dass es ihn noch vor seiner offiziellen Ausbürgerung durch die Nazis im Dezember 1936 aufgenommen hat und er auf diese Weise nie staatenlos war.

Es dauerte fünf Jahre, die er überwiegend in der Schweiz verbrachte, bis sich eine neue Heimat für ihn abzeichnete. In dieser Zeit schrieb er, hielt Vorträge und war im Ganzen guter Dinge. Das lag daran, dass er, erstmals in seinem Leben, nicht mehr ausschließlich mit sich selbst beschäftigt, dass die Außenwelt in sein Leben eingebrochen und er also gezwungen war, sich damit auseinander zu setzen. Sein Leben bestand nicht mehr aus dem Ebenmaß, das ihm eine jahrzehntelange vormittägliche Schreibtischarbeit und ansonsten wenig Abwechslung aufzwang oder eben ermöglichte – nun galt es wirklich: zu den Waffen!

Die Waffe, die er in die Hand nahm, war freilich immer noch der Füllfederhalter. Im Unterschied aber zur Zeit des Ersten Weltkriegs, die bereits eine Vereinfachung seiner Gefühle mit sich gebracht hatte, war er sich dieses Mal der Richtigkeit seines Engagements ziemlich sicher. Er schaute nicht mehr zurück und wollte nicht mehr das 19. Jahrhundert künstlich verlängern; er blickte nach vorne oder lebte zumindest in der Gegenwart und begriff, dass etwas vor sich ging, das wichtiger war als sein Seelenleben.

Die Wucht seines publizistischen Engagements aus dieser Zeit ist enorm. Es gibt keinen anderen deutschsprachigen Exilschriftsteller, der es auf ein vergleichbares Quantum gebracht hätte: Vorträge, Essays und, natürlich, das erzählerische Werk, in das seine politischen und zeitgeschichtlichen Reflexionen eingehen. Die *Joseph*romane, die weiter anwachsen, der Goethe-Roman *Lotte in Weimar*, die Moses-Erzählung *Das Gesetz* und natürlich der *Doktor Faustus* sind in diesem Sinne auch politische Werke.

Dass er das politische Engagement nicht mit allerletzter Überzeugung, sondern wiederum recht ironisch betrieb, hat er sich selbst frühzeitig eingestanden. »Demokratischer Idealismus«, notiert er am 27. November 1937 im Tagebuch, »Glaube ich daran? Denke ich mich nicht nur hinein wie in eine Rolle?« Wenn es so war, dann spielte er diese Rolle gut. Thomas Mann hat es sicher auch seiner bezwingenden Formulierungskunst zu verdanken, dass er weithin als die große Gegenfigur Adolf Hitlers wahrgenommen wurde – auch wenn er sich selber eher wie ein Bruder des Reichskanzlers und Führers fühlte.

Bruder Hitler heißt in der Tat sein Essay, der zu einem seiner umstrittensten, aber auch zu einem seiner ehrlichsten wurde. Wie er im Nationalsozialismus insgesamt eine verhunzte Romantik sah, so kam ihm Hitler wie ein verhinderter beziehungsweise besonders verkommener Künstler vor. »Der Bursche ist eine Katastrophe«, behauptet Thomas Mann da, als wäre Hitler nur ein dummer Junge von nebenan – und der Verleger Gottfried Bermann Fischer traute seinen Ohren nicht –, »das ist kein Grund, ihn als Charakter und Schicksal nicht interessant zu finden.«[6] Er erkennt ihn wieder, den verhinderten Künstler, der in den Tag hineinlebt, wie er das einst auch tat: »Es ist, auf eine gewisse beschämende Weise, alles da: die ›Schwierigkeit‹, Faulheit und klägliche Undefinierbarkeit der Frühe, das Nichtunterzubringensein, das Was-willst-du-nun-eigentlich?, das halb blöde Hinvegetieren in tiefster sozialer und seelischer Boheme, das im Grunde hochmütige, im Grunde sich für zu gut haltende Abweisen jeder vernünftigen und ehrenwerten Tätigkeit …«[7]

Dass Hitler tatsächlich ein verhinderter Künstler war, ist freilich keine bahnbrechende Erkenntnis und macht den Essay politisch inopportun. Aber das Psychogramm war eben das, was ihm zu Gebote stand, und nimmt manches der späteren Hitler-Forschung vorweg. Und in Zeiten der westlichen Auseinandersetzung mit dem Islam kann es nicht schaden, die zentrale Passage in Erinnerung zu rufen. Thomas Mann fährt also fort: »Ein Bruder ... Ein etwas unangenehmer und beschämender Bruder; er geht einem auf die Nerven, es ist eine reichlich peinliche Verwandtschaft. Ich will trotzdem die Augen nicht davor schließen, denn nochmals: besser, aufrichtiger, heiterer und produktiver als der Haß ist das Sich-wieder-Erkennen, die Bereitschaft zur Selbstvereinigung mit dem Hassenswerten, möge sie auch die moralische Gefahr mit sich bringen, das Neinsagen zu verlernen.«[8]

Das Neinsagen verlernte er keineswegs, er sagte mit der Zeit sogar immer entschlossener »nein«. Aber das ändert nichts an der außerordentlichen Gewagtheit solcher Äußerungen. Aber selbst dies war für Thomas Mann eine Geschmacksfrage: Es wäre ihm einfach zu dumm und zu banal gewesen, bloß zu behaupten, dass er Hitler hasse – was ihn eben nicht daran hinderte, es dennoch zu tun. Er holt Hitler ganz nahe – und womöglich näher, als manchem erlaubt schien – an sich heran, um ihn desto heftiger und entschlossener von sich wegstoßen zu können. In psychologischer und vielleicht auch soziologischer Hinsicht ist es denn auch eine recht aufgeklärte Position, die Thomas Mann hier einnimmt.

Der Hitler-Essay stammt aus dem Jahr des Kriegsausbruchs. Thomas Mann lebte zu dieser Zeit bereits in den Vereinigten Staaten, die er im April 1937 und im Februar 1938 besucht hatte. Im September 1938 siedelte er über, zunächst nach Princeton, später nach Pacific Palisades in die Nähe von Los Angeles.

Dass er in dem neuen Land schnell Fuß fassen konnte, hatte er nicht zuletzt Agnes E. Meyer zu verdanken. Die aus Bremen stammende Ehefrau des einflussreichen amerikanischen Zeitungsverlegers Eugene Meyer, dem die linksliberale *Washington Post* gehörte, war Thomas Mann und dessen Familie bei der Beschaffung der Einwanderungspapiere behilflich und besorgte ihm an der Universität von Princeton eine Professur in den so genannten Humanities. Hier hielt er zwei Jahre lang geistesgeschichtliche Vorlesungen. Agnes E. Meyer sorgte auch dafür, dass er in Washington eine gutbezahlte Stelle als »Consultant in German Literature« erhielt. Nicht zu vergessen die sonstige Unterstützung, die sie der Familie Mann zukommen ließ.

Dass Thomas Mann ihr das gedankt hätte, wäre zuviel gesagt. Er wusste, was sie für ihn getan hatte und noch lange Jahre tat; aber sich so mit ihr einzulassen, wie sie das wünschte, das wäre ihm nicht in den Sinn gekommen. Denn Agnes E. Meyer war in ihn oder zumindest in seinen Geist verliebt. Sie wollte ihn zum Gefühl bekehren, ihn herauslocken aus seinem Schutzpanzer und ihm nehmen, was sie für Angst hielt, Angst vor den Frauen. Sie redete ihn manchmal mit »Tonio« an und sah wohl wirklich eine Art Tonio Kröger in ihm, einen vornehmen

Geistesaristokraten, dessen Sprödigkeit sie glaubte mit einem Eifer, der über das rein Freundschaftliche hinausging, zu Leibe rücken zu dürfen – oder eben zu müssen, denn sie konnte wohl nicht anders. Derartige Annäherungen wusste er zu verhindern. »Gelassene Abwehr von Indiskretionen« verzeichnet das Tagebuch am 2. Oktober 1939.

Doch so leicht gab sie nicht auf. Zeitweise schien sie geradezu besessen zu sein von ihrem Tonio, der das irgendwann auch merkte: »Bedrückende Fixierung auf meine Person, Ausscheiden aus sozialen Aktivitäten um der desparaten Arbeit willen über mich. Schrecklich. Will da noch das Weib in mein Leben treten, allen Ernstes.« Dies notiert er sich am 2. März 1942 über »diese beschwerliche Geist-Pute in Washington«. Auch ihre Intelligenz war ihm lästig.

Die Briefe, welche die beiden wechselten, füllen einen Band von elfhundert Seiten. Sie sind, von ihrer Seite aus, ein einziges Werbungsgespräch, das er regelmäßig abblockte. Wenn sie allzu persönlich wurde, tat er so, als verstehe er nicht recht, worauf sie hinauswollte, stellte sich dumm und fertigte sie mit Floskeln ab, nannte sie »Fürstin« oder redete sie auch einfach mit »Dear Agnes« an. Im Tagebuch heißt es anfangs »Mrs. Meyer«, später fast nur noch »die Meyer«.

Dass hinter seiner Zurückhaltung noch etwas anderes steckte, das wusste sie nicht; Thomas Mann hat sich ihr gegenüber nicht offenbart. Für ihn war es wohl so etwas wie Notwehr, die ihm das Recht gab, sie auf Abstand zu halten – oder ihr etwas vorzuheucheln. An Silvester 1947 hält das Tagebuch fest: »Fast ausgelassen verlogener Neujahrsbrief an die Meyer.«

Aber seiner Unehrlichkeit muss sie auf die Schliche gekommen sein. Am 14. Februar 1944 notiert er im Tagebuch, Golo habe etwas darüber verlauten lassen, was Agnes E. Meyer zu seinen Briefen gesagt habe: »Erwähnt Äußerung der Meyer, aus meinen Briefen gehe hervor, daß ich sie verabscheue. Da diese Briefe voll von Ergebenheit, Bewunderung, Dankbarkeit, Fürsorge, selbst Galanterie sind, so ist das eine sehr intelligente Beobachtung.«

Das stimmt. Agnes E. Meyer war eine intelligente Frau, die nicht viel Aufhebens um die Unterstützung machte, die sie der Familie Mann zukommen ließ, auch nicht um die Geschenke, mit denen sie ihn überhäufte und die er gerne annahm, allerdings nur, wenn sie ihm zusagten – falls nicht, bat er einfach um Umtausch. So diskret sie in materiellen Dingen war – Ansprüche an seine Person zu unterdrücken, dazu war sie nicht bereit. Zeitweise fiel sie ihm derart auf die Nerven, dass er sich selbst im Tagebuch kaum noch zusammennehmen konnte; so am 21. Februar 1942: »Schrieb an die Meyer auf eine der ›Freundschaft‹ nicht gerade zuträgliche Weise u. beseitigte ihren albernen Brief. Mein Wunsch, dem Frauenzimmer, das mich tyrannisiert, heimzuleuchten, ist fast unbeherrschbar.«

Und sie merkte wohl auch, dass Thomas Mann sie insgesamt zum Narren hielt. Der aber konnte ihrer Gegenwart einfach und bis zuletzt nichts abgewinnen – das ist die schlichte Wahrheit. »Eine Stunde allein mit ihr beim Thee«, schreibt er am 21. März 1951 ins Tagebuch. »Zerrüttet vom Dreschen leeren Strohs und vom Markieren einer geistigen Anwesenheit, die nicht vorhanden.«

Thomas Manns Verhalten gegenüber seiner amerikanischen Gönnerin, das opportunistische Züge trägt, gehört sicherlich nicht zu den Ruhmesblättern eines auch sonst nicht immer einwandfrei geführten Lebens. Aber es ist zwecklos, sich darüber aufzuregen. Er hat es, von Anfang an, seiner Karriere und damit auch der Literatur untergeordnet. Das forderte Opfer, und zwar nicht nur von ihm selbst, sondern auch von denen, die um ihn waren. Was wäre auch wohl aus seinem erzählerischen Werk geworden, hätte er es äußerlich weniger bequem gehabt?

Und noch oder vielmehr gerade solche Figuren wie Agnes E. Meyer finden sich verewigt und damit womöglich doch noch irgendwie ins Recht gesetzt. Agnes E. Meyer ist Thamar, die Frau, der im vierten *Josephs*roman *Joseph, der Ernährer* ein ganzes Hauptstück gewidmet ist. Dort heißt es: »Thamar war fest entschlossen, sich, koste es was es wolle, mit Hilfe ihres Weibtums in die Geschichte der Welt einzuschalten. So ehrgeizig war sie.«[9] Man kann das mit der Weltgeschichte so und so verstehen: Thamar ist ja tatsächlich eine Figur aus dem Alten Testament, die Thomas Mann auch ohne Agnes E. Meyer hätte beschreiben können. Aber ihr aufdringlicher Ehrgeiz, die Hartnäckigkeit, mit der sie an den Lippen des Geschichtenerzählers Jaakob hängt, deuten auf die Konstellation Thomas Mann – Agnes E. Meyer: Der Romancier hat in ihr eine treue Zuhörerin, die, indem sie sich in sein Leben einmischt, Teil hat an der Weltgeschichte, die Thomas Mann in aller Unbescheidenheit überzeugt ist zu schreiben.

Über alledem verlor er die deutsche Frage nicht aus den Augen. Die Deutungshoheit ließ er sich auch oder vielmehr erst recht nicht von denen nehmen, die ihn zum Undeutschen erklärt hatten. Es war ein sehr skrupulöser Nationalismus, dem er sich hingab. Das Problem brannte ihm auf den Nägeln, er litt darunter. Er war lange genug der Repräsentant des deutschen Geistes gewesen und wollte es auch weiterhin sein. »Wo ich bin, ist Deutschland« – diesen Satz soll Thomas Mann gesagt haben, als er amerikanischen Boden betrat.

Einen Teil seines Deutschland-Räsonnements brachte er unter in seinem Roman *Lotte in Weimar*, wo er es Goethe unterschiebt, aber in Wirklichkeit sich selbst meint:

»So traun sie deinem Deutschtum nicht, spürens wie einen Mißbrauch, und der Ruhm ist unter ihnen wie Haß und Pein. ... Soll wohl so sein, wehleidig bin ich nicht. Aber daß sie die Klarheit hassen, ist nicht recht. Daß sie den Reiz der Wahrheit nicht kennen, ist zu beklagen, – daß ihnen Dunst und Rausch und all berserkerisches Unmaß so teuer, ist widerwärtig, – daß sie sich jedem verzückten Schurken gläubig hingeben, der ihr Niedrigstes aufruft, sie in ihren Lastern bestärkt und sie lehrt, Nationalität als Isolierung und Roheit zu begreifen, – daß sie sich immer erst groß und herrlich vorkommen, wenn all ihre Würde gründlich verspielt, und mit so hämischer Galle auf die blicken, in denen die Fremden Deutschland sehn und ehren, ist miserabel. ... Ich hab mein Deutschtum für mich – mag sie mitsamt der boshaften Philisterei, die sie so nennen, der Teufel holen. Sie meinen, sie sind Deutschland, aber ich bins, und gings zugrunde mit Stumpf und Stiel, es dauerte in mir.«[10] Diese Passage wurde bei den Nürnberger Kriegsverbrecherprozessen zitiert – in der irrigen Annahme, man hätte es hier mit einem originalen Goethe-Wortlaut zu tun.

Der Krieg, den er in der zitierten Deutschland-Diagnose andeutet, kam erst noch. Deutschland ging nicht zugrunde mit Stumpf und Stiel, aber dass es auf Krieg aus war, das wusste Thomas Mann: »Sinn und Zweck des nationalsozialistischen Staatssystems ist einzig der und kann nur dieser sein: das deutsche Volk unter unerbittlicher Ausschaltung, Niederhaltung, Austilgung jeder störenden Gegenregung für den ›kommenden Krieg‹ in Form zu bringen, ein grenzenlos willfähriges, von keinem kritischen Gedanken angekränkeltes, in blinde und fanatische Unwissenheit gebanntes Kriegsinstrument aus ihm zu machen. Einen anderen Sinn und Zweck, eine andere *Entschuldigung* kann dieses System nicht haben; alle Opfer an Freiheit, Recht, Menschenglück, eingerechnet die heimlichen und offenen Verbrechen, die es ohne Bedenken auf sich genommen hat, rechtfertigen sich allein in der Idee der unbedingten Ertüchtigung zum Kriege.«[11]

Am 19. Dezember 1936 setzte die Philosophische Fakultät der Rheinischen Friedrich-Wilhelms-Universität Bonn Thomas Mann davon in Kenntnis, dass sie ihm, dem inzwischen Ausgebürgerten, die Ehrendoktorwürde, die sie ihm 1919 verliehen hatte, aberkenne. Fünf knappe Zeilen sind das, auf die Thomas Mann am Neujahrstag 1937 von Küsnacht am Zürichsee aus antwortet. »Ich habe es mir nicht träumen lassen, es ist mir nicht an der Wiege gesungen worden, daß ich meine höheren Tage als Emigrant, zu Hause enteignet und verfemt, in tief notwendigem politischem Protest verbringen würde. Seit ich ins geistige Leben eintrat, habe ich mich in glücklichem Einvernehmen mit den seelischen Anlagen der Nation, in ihren geistigen Traditionen sicher geborgen gefühlt.« Aber die Deutschen, sollte das heißen, wollten es ja nicht anders.

Es folgt der Satz, der zu den berühmtesten Äußerungen Thomas Manns zählt: »Ich bin weit eher zum Repräsentanten geboren als zum Märtyrer, weit eher dazu, ein wenig höhere Heiterkeit in die Welt zu tragen, als den Kampf, den Haß zu nähren.« Auch dieser Antwortbrief ist ein Dokument der Ich-Bezogenheit. Aber nur indem er die Entwicklung seines Landes in seinem Schicksal spiegelte, konnte er zumindest sich selbst Klarheit darüber verschaffen, dass Deutschland auf dem Holzweg war: »Höchst Falsches mußte geschehen, damit sich mein Leben so falsch, so unnatürlich gestaltete.«[12] Er blieb dabei: Sein Exil war ein Stilfehler. Was den Ehrendoktor betraf, so musste er sich über dessen Verlust nicht grämen. Er hatte inzwischen einen neuen, die Universität Harvard hatte ihm bereits einen verliehen.

Und dann folgt eine Rechtfertigung für sein verhältnismäßig langes Schweigen, die ihm unversehens zu einem patriotischen Bekenntnis gerät, auf das man in Bonn und anderswo in Deutschland freilich keinen Wert legte: »Meine Bücher, so sagte ich mir, sind für Deutsche geschrieben, für solche zuerst; die ›Welt‹ und ihre Teilnahme waren mir immer nur ein erfreuliches Akzidens. Sie sind, diese Bücher, das Produkt einer wechselseitigen erzieherischen Verbundenheit von Nation und Autor und rechnen mit Voraussetzungen, die ich selber erst in Deutschland habe schaffen helfen. Das sind zarte und hütenswerte Beziehungen, die plump zu zerreißen man der Politik nicht erlauben soll. Gab es Ungeduldige daheim, die, selbst geknebelt, dem in der Freiheit Lebenden sein Stillschweigen verübeln würden: die große Mehrzahl, durfte ich hoffen, würde meine Zurückhaltung verstehen, ja sie mir danken.«[13]

Gedankt hat ihm seine Zurückhaltung niemand – die nicht, die drinnen blieben, in der so genannten inneren Emigration, zu deren Sprachrohr sich der Schriftsteller Frank Thieß aufschwang, der heftig gegen Thomas Mann polemisierte; und die, die draußen waren, auch nicht. Thomas Mann zog einen ungewöhnlich starken Hass auf sich, der stärker war als der, den die anderen Exil-Autoren zu spüren bekamen. Weder Bertolt Brecht noch Alfred Döblin, weder Franz Werfel noch Lion Feuchtwanger, weder Theodor W. Adorno noch auch Heinrich Mann wurden so angefeindet wie Thomas Mann.

Dass er auch unter seinen Exil-Kollegen nicht immer wohlgelitten war, lag nicht nur an seinem schönen neuen Haus an der amerikanischen Westküste, das er nach seiner Professur in Princeton im Frühjahr 1941 bezog. Hier, in der Nähe von Hollywood, hatten sich auch viele andere deutschsprachige Exilanten niedergelassen, es war eine regelrechte deutsche Kolonie.

Thomas Mann konnte es nicht leicht jemandem recht machen. Er war seine eigene Partei und legte Wert darauf, nur für sich selbst zu sprechen. Auf Vereinnahmungsversuche reagierte er sehr empfindlich. Als zum Beispiel Bertolt Brecht ihn noch vor Kriegsende für einen kommunistisch unterwanderten, dabei tief patriotischen Aufruf an die Deutschen gewinnen wollte und man sich auf eine Formulierung einigte, die ihn nicht überzeugte, machte er einen Rückzieher. Anders als Brecht war Thomas Mann nach dem Krieg durchaus der Meinung, dass Deutschland schwer bestraft gehöre und auf lange Zeit hin unschädlich zu machen sei.

Deutsche Hörer! lauten die energischen Radiobotschaften, die er über die BBC den Deutschen vorlas und die zu den gewichtigsten Stellungnahmen aus dem Exil überhaupt gehören. Von Mai 1940 an redete er ihnen einmal im Monat ins Gewissen, bis sie zwar nicht vernünftig waren, doch immerhin besiegt. Aber er hatte auch leicht reden von Kalifornien aus, wo er mit Leuten wie Charlie Chaplin und Charles Laughton zu Abend aß und nicht viel auszustehen hatte. Er traf sich privat mit dem amerikanischen Präsidenten Franklin D. Roosevelt und konnte so ziemlich machen, was er wollte. Eine Zeit lang galt er in Amerika als der bedeutendste lebende Schriftsteller.

Am 8. Mai 1945 sprach Thomas Mann von Kalifornien aus eine weitere Radiobotschaft: *Die Lager*, heißt der Beitrag, der zehn Tage später in der *Bayerischen Landeszeitung* unter dem Titel »Thomas Mann über die deutsche Schuld« nachgedruckt wurde. Er spricht von »unserer Schmach« und wiederholt: »›Unsere Schmach‹, deutscher Leser und Hörer! Denn alles Deutsche, alles was deutsch spricht, deutsch schreibt, auf deutsch gelebt hat, ist von dieser entehrenden Bloßstellung mitbetroffen. Es war nicht eine kleine Zahl von Verbrechern, es waren Hunderttausende einer sogenannten deutschen Elite, Männer, Jungen und entmenschte Weiber, die unter dem Einfluß verrückter Lehren in kranker Lust diese Untaten begangen haben.«

Er will nichts wissen davon, was Historiker später in relativierender Absicht gelegentlich gesagt haben – dass der Nationalsozialismus ein Beispiel dafür sei, wozu der Mensch fähig sei. Unerbittlich fährt er fort: »Man nenne es finstere Möglichkeiten der Menschennatur überhaupt, die da enthüllt werden – deutsche Menschen, Hunderttausende sind es nun einmal, die sie vor den Augen der Welt enthüllt haben. Die Menschheit schaudert sich vor Deutschland! Ja, vor Deutschland.«[14]

Das blieb nicht ungehört. Viele derer, die in Deutschland geblieben waren, warfen Thomas Mann Selbstgerechtigkeit vor und hatten so Unrecht nicht damit. Trotzdem wollten sie ihn wiederhaben, die Sowjets sowohl wie die Westdeutschen. Der Schriftsteller Walter von Molo schrieb Thomas Mann einen Offenen Brief und bat ihn, er möge zurückkommen – als eine Art guter Arzt, der sich am Wiederaufbau beteiligt. Thomas Mann lehnte ab. Bei dem Gedanken an Rückkehr bekam er es mit der Angst zu tun, ihm graute vor Deutschland, und das nicht nur, weil das Haus in der Poschingerstraße zerstört war, wie er gleich nach Kriegsende von Klaus erfahren hatte.

Auf zehn Seiten begründete er: *Warum ich nicht nach Deutschland zurückgehe*. Es ist ein wiederum recht schonungsloses Vorrechnen der Schuld; und es ist ein Aufrechnen dessen, wer Schlimmeres durchgemacht hat: der Emigrant oder der, der im Land geblieben war.

Thomas Mann hatte den Münchner Protest gegen seine Wagner-Rede nicht vergessen und gut daran getan, ihn als Alarmsignal aufzufassen. Er hatte auch die unruhige, ungewisse erste Exilzeit nicht vergessen und vor allem nicht das Willkommen, das ihm Amerika bereitet hatte: »Dann kam der Ruf an die amerikanische Universität, und auf einmal, in dem riesigen freien Land, war nicht mehr die Rede von ›Takt‹, es gab nichts als offene, unverschüchterte, deklarierte Freundwilligkeit, freudig, rückhaltlos, unter dem stehenden Motto ›Thank You, Mr. Hitler!‹ Ich habe einigen Grund …, diesem Lande dankbar zu sein, und Grund, mich ihm dankbar zu erweisen.«[15]

Irgendwann war selbst diese Dankbarkeit aufgebraucht. Das Klima schlug um. Die amerikanische Kommunistenhetze der frühen fünfziger Jahre vertrieb ihn schließlich wieder aus diesem Land, in dem er sich so wohl und wahrscheinlich auch heimisch gefühlt hatte. Er hatte aus seiner Sympathie für den Kommunismus auch in Amerika keinen Hehl gemacht, und das reichte vollauf, um sich verdächtig zu machen. Dass es sich dabei um keine politische Willenserklärung handelte, sondern sich eher einer Schwärmerei verdankte, die ideologisch wenig gefestigt und also entsprechend harmlos war, zu dieser Unterscheidung zeigten sich weder der

Senator Joseph R. McCarthy noch J. Edgar Hoover und sein FBI aufgelegt.

Aber Thomas Mann wollte sowieso lieber in der alten Erde begraben werden, wie er es bei sich nannte. Doch vorher kam noch das Goethe-Jahr. »Gefühl, als ob es in den Krieg ginge«, vermerkt er, inzwischen in Zürich, am 23. Juli 1949 zum Auftakt seiner Deutschland-Tournee im Tagebuch. Sein Gefühl hat ihn nicht getrogen. Während seines Besuchs in der alten Heimat, wo er in München, Nürnberg und Stuttgart Station macht, schlug ihm zum Teil offene Feindschaft entgegen. Dieser alte Mann galt vielen als Vaterlandsverräter. Und dass er beide Goethe-Städte, Frankfurt am Main und Weimar, besuchte, machte den Empfang im Westen auch nicht gerade herzlicher. Er aber ließ sich nicht beirren und erklärte im Westen wie im Osten: »Ich kenne keine Zonen. Mein Besuch gilt Deutschland selbst, Deutschland als Ganzem, und keinem Besatzungsgebiet.«[16]

Dass der Empfang im Osten ungleich herzlicher ausfiel, verleitete Thomas Mann zu der unvorsichtigen Bemerkung, ein totalitäres System habe doch den Vorteil, dass es Dummheit und Frechheit niederhalte. Er, der Mann des Ausgleichs, der sich instinktiv nach rechts setzte, wenn der Kahn nach links kippte und umgekehrt, hatte sich zwischen beide Stühle gesetzt.

Thomas Mann kehrte nach Europa zurück, aber nicht nach Deutschland. Sein letzter Wohnsitz sollte Kilchberg bei Zürich werden.

Kapitel VII

DAS ERKÄLTETE LEBEN
Doktor Faustus

Seine Stimmung muss schlecht gewesen sein in den verregneten Tagen vor Weihnachten 1945. »Geschrieben am Kapitel«, verzeichnet das Tagebuch monoton. Am 22. Dezember ist Besuch da: »Nach Tische Korrespondent von Time, Interview wegen meiner Voraussage 1945 werde mein Todesjahr sein.« Das hatte er 1930 in seinem *Lebensabriß* prophezeit. Etwas unmotiviert steht da am Ende der Satz: »Ich vermute, daß ich im Jahre 1945, so alt wie meine Mutter, sterben werde.« Der Abdruck des *Lebensabrisses* von 1954 enthält folgenden Zusatz: »Mit dankbarer Genugtuung stellt der Leser fest, daß sich des Dichters düstere Vermutung als eine sublime Methode herausgestellt hat, das Schicksal zu bestechen.«[1]

Er lebte also noch und war in Erklärungsnot. Dem *Time*-Reporter erklärte er, die Voraussage sei nicht wörtlich zu nehmen; er fühle sich immerhin so schlecht, dass er so gut wie tot sei. »Es wäre doktrinär, in der vitalen Minderung Ursache und Bedingung einer Hervorbringung sehen zu wollen, die den Stoff eines ganzen Lebens in sich aufnahm ...«[2]

Er sah es eher umgekehrt: Die »Hervorbringung«, die den gewaltigen und hochprekären Lebensstoff aufnehmen sollte, war schuld an der »vitalen Minderung«.

Es war der *Doktor Faustus*, an dem Thomas Mann schrieb, und diejenigen, die ihn in jener Zeit aus der Nähe erlebten und sahen, wie schlecht er aussah, sagten: »Es ist das Buch.« Dieser Roman zehrte mehr an ihm als jedes andere Werk.

Anfang April 1946 wird seine Lunge untersucht, ohne rechtes Ergebnis. Ein Spezialist muss her. »Unter wie schlechten Bedingungen habe ich gearbeitet!«, schreibt er am 1. April ins Tagebuch und scheint es selbst nicht glauben zu können. »Andererseits ist sicher der schreckliche Roman zusammen mit den deutschen Ärgernissen an der Erkrankung schuld.« Die deutschen Ärgernisse, Deutschland überhaupt und der Roman waren nicht auseinanderzuhalten. Der *Doktor Faustus* sollte sein Deutschland-Roman werden. Wo ich bin, ist Deutschland.

Das Tagebuch setzt dann für zwei Monate aus.

Thomas Mann hatte Lungenkrebs. Er wusste nichts davon und ahnte es vielleicht nicht einmal. Im Tagebuch steht jedenfalls nichts, was darauf hindeutet. Seine Frau verschwieg ihm, dass es mehr als ein Abzess war, an den er glaubte, und wies auch die Kinder an, ihn in diesem Glauben zu lassen – eine Schonung, die sich auf seine Produktivität günstig auswirkte.

Er wurde in der Universitätsklinik von Chicago operiert. Aber bevor es so weit war, machte er Witze auf dem Krankenbett, fragte den behandelnden Arzt, was Lampenfieber auf Englisch heiße; und als er dann in den Operationssaal geschoben wurde, rief er dem Arzt noch zu: »No stage fright today.« Der Arzt sagte nichts. Lampenfieber hatte Thomas Mann wohl wirklich nicht. Er war ganz ruhig. Und als er wieder aufwachte aus der Narkose, sprach er englisch mit seiner Frau, die an seinem Bett saß: »It was much worse than I thought. I suffered *too* much!« Katja wunderte sich.

Zwar hatte ihm das Penicillin, das ihm reichlich verabreicht wurde, den Appetit so gründlich verdorben, dass er weder Bier noch Wein trinken mochte; aber dafür trank er jetzt Coca Cola in rauen Mengen. Der Arzt, der ihn nach seiner Rückkehr in Pacific Palisades untersuchte, zeigte sich begeistert davon, wie gut alles verheilte. Am 28. Mai 1946 vermerkt das Tagebuch: »Eine späte Prüfung, cum laude bestanden.«

Es war eher *summa cum laude*. Denn dass er die Operation so gut überstehen würde, wurde nicht nur von den Ärzten als Sensation gewertet. Ein siebzigjähriger Mann ersteht vom Krankenbett wieder auf, das leicht sein Totenbett hätte werden können. Auf dem Foto, das ihn während der Rekonvaleszenz in der Klinik mit Katja und den beiden Töchtern Erika und Elisabeth zeigt, ist er zwar deutlich schmaler im Gesicht; aber binnen kurzem war er wieder der Alte, rauchte auch schon bald seine Zigarren und Zigaretten und machte weiter mit seinem Roman, jetzt aber nicht mehr am Schreibtisch, sondern in einer Sofaecke, wo es sich bequemer saß.

Was will man auch machen bei der Konstitution: »Die Gutwilligkeit und Geduldigkeit meiner Natur, ihr guter Hintergrund, ein vorzügliches Herz, Wohlkonserviertheit trotz allem …«[3] Trotz allem – das heißt in diesem Fall: trotz *Doktor Faustus*. Dass er »erstand, um *dies* fertigzumachen«[4], gab er später als höhere Notwendigkeit aus.

Obwohl er an dieses Werk zögerlich heranging, wusste er von Anfang an und seit sehr langer Zeit, was er damit im Sinn hatte: Es sollte der Roman der Epoche werden, *seiner* Epoche, die noch tief ins neunzehnte Jahrhundert hineinreichte, in die Geisteswelt Schopenhauers, Wagners und Nietzsches. Nietzsches Biographie gibt denn auch den äußeren Rahmen für den *Doktor Faustus* ab. Thomas Manns Epoche aber reichte bis in die Mitte des 20. Jahrhunderts, und so wollte er, was dem ursprünglichen Plan zufolge eine Künstlergeschichte mit allem Drum und Dran hatte werden sollen, um die ältere und vor allem um die jüngste Zeitgeschichte bereichern. Es musste eine Künstlergeschichte werden, die gewissermaßen parallel gesetzt wurde zur nationalen Geschichte.

Dazu holte der Romancier tief Luft. Er ging zurück bis in die Dürer- und Luther-Zeit und band die geistesgeschichtlichen, zeithistorischen und im engeren Sinne politischen Voraussetzungen dessen, was nun, im Jahre 1943, heraufgekommen war, ein in diese Chronik eines Genies, die dessen humanistischer Freund Dr. phil. Serenus Zeitblom niederschreibt. Der philosophische Irrationalismus, der Erste Weltkrieg, die Weimarer Republik, das Intellektuellenmilieu mit gefährlicher Nähe zum Nationalsozialismus, die Politikferne des Künstlers und schließlich der Nationalsozialismus selbst – all das musste mit hinein in den Roman, der in der fiktiven, Lübeck nachgebildeten Stadt Kaisersaschern seinen Ausgang nimmt. Selbst- und Zeitanalyse sollten eins werden.

Am 4. Januar 1943 wird der *Josephs*roman fertig: »schrieb genau bis zum Lunch-Zeichen die letzten Zeilen von ›Joseph der Ernährer‹ und damit von ›Joseph und seine Brüder‹. Ich war erregt und traurig. Aber so ist es getan, schlecht und recht. Ich sehe darin weit mehr ein Monument meines Lebens, als ein solches der Kunst und des Gedankens, ein Monument der *Beharrlichkeit.*« Was ursprünglich nur eine Novelle hätte werden sollen, wuchs sich aus zu einem Werk von 1800 Seiten, deren Niederschrift ihm mit der Zeit zu einer Art Gegenprogramm zum Nazi-Terror und zum Zweiten Weltkrieg wurde: Während um ihn herum alles in sich zusammenfiel, trug er mit seinem Epos »ein wenig höhere Heiterkeit in die Welt«,[5] wie er sich in jenem Brief an den Dekan der Philosophischen Fakultät der Bonner Universität am Neujahrstag 1937 ausgedrückt hatte.

Sechzehn Jahre hatte er an diesem Roman geschrieben, hatte ihn immer wieder unterbrochen, teils aufgrund äußerer Umstände, teils, weil sich andere Werke dazwischen drängten, die wichtige Erzählung *Mario und der Zauberer* zum Beispiel, die 1930 erschien und mit der er die präfaschistische Stimmung in Italien subtil einfing, und, natürlich, *Lotte in Weimar*, an der er drei Jahre saß, drei Jahre, in denen er einen großen Geist, Goethe nämlich, schon mal probehalber in ein Spannungsverhältnis zu seiner Nation setzte, freilich mit humoristischen Untertönen. Es erschien ferner die indische Novelle *Die vertauschten Köpfe*, ein Spaß, den er sich hier gönnte, indem er Schopenhauersche Philosophie, Psychoanalyse und Sexualparodie zu einer amüsanten Dreiecksgeschichte zusammenrührte.

Und trotzdem, trotz dieser sechzehn Jahre: »Mit dem Joseph bin ich früher fertig geworden, als die Welt mit dem Fascismus«, notiert er am 8. Januar 1943 in sein Tagebuch. Die Welt war im Krieg, und er schrieb sein in jeder Hinsicht heiterstes, am wenigsten pessimistisches Werk zu Ende, das für ihn – und nicht nur für ihn – neben Goethes *Faust* und Wagners *Ring des Nibelungen* ein großes deutsches Weltgedicht war. Und anders als zur Zeit des Ersten Weltkriegs, als er sich mit den Grübeleien seiner *Betrachtungen eines Unpolitischen* abgemüht und diese als eine Art Kriegsdienst verstanden hatte – anders als damals hatte er diesmal kein schlechtes Gewissen bei diesem Schreibtischdienst mit der Feder. Der *Josephs*roman ist das, was ihm mit den *Betrachtungen* nicht gelang: ein humanistisches Zeugnis seiner Epoche. Und es ist ein Gegenentwurf zur Nazi-Barbarei, begleitet von seinem Engagement gegen Hitler, das er im Nachhinein als moralisch gute Zeit bezeichnet hat.

Die optimistischen Töne dieses Romanwerks halten nicht lange vor. Thomas Mann hatte die düsteren *Faustus*-Pläne seit langem im Kopf. Doch wie um sich abzulenken, fängt er erst noch etwas anderes an, ein ebenfalls heiteres Werk, allerdings mit bedrohlichen Untertönen. Dafür bleibt er stofflich noch ein wenig im Alten Testament und schreibt die Moses-Erzählung *Das Gesetz*, seine so genannte 1000-Dollar-Novelle. Denn soviel bekam er für dieses Werk, das für seine Verhältnisse geradezu aufdringliche pädagogisch-moralische Züge trägt, mit dem er in wenigen Wochen fertig wird.

Das Gesetz war Teil eines Projekts, das sich der aus Österreich stammende Literatur-Agent Arnim L. Robinson ausgedacht hatte: Zehn bekannte Autoren sollten je eine Geschichte über die Zehn Gebote und deren Missbrauch durch Hitler schreiben. Robinson schwebte eine Verfilmung dieses Stoffs vor, und er hatte auch schon bei Metro Goldwyn Mayer angefragt. Doch daraus wurde nichts, MGM lehnte ab; es blieb beim Buch, das unter dem Titel *The Ten Commandments* zum Ende des Jahres in New York erschien.

Am Tag nach Fertigstellung der Novelle räumt er seinen Schreibtisch auf und wendet sich nun endgültig dem *Doktor Faustus* zu. Wochenlang liest er, von Luther bis Robert Louis Stevenson; er exzerpiert und macht sich Notizen. Immer wieder »die Gedanken auf den Faust-Stoff gerichtet, der jedoch fern davon ist, Gestalt anzunehmen«, erwägt er doch, ob er nicht besser mit dem *Felix Krull* fortfahren soll, den er 1910 angefangen und ein gutes Jahr später unterbrochen hatte; der *Tod in Venedig* kam damals dazwischen. Und hier beschleicht ihn ein »Gefühl der Großartigkeit, nach 32 Jahren dort wieder anzuknüpfen«.[6]

Also doch lieber den *Krull*? Der Faustus-Stoff ist von anderem Kaliber; es »geht eine Art von Bangigkeit davon aus, die sonstigen Schwierigkeiten scheinen fast unüberwindlich, und die Vermutung mischt sich ein, daß ich deshalb vor dem Unternehmen zurückschrecke, weil ich es immer als mein letztes betrachtet habe ...«[7] Es wurde sein letztes großes Unternehmen, trotz allem, was danach noch kam, *Der Erwählte, Die Bekenntnisse des Hochstaplers Felix Krull* und die düstere Erzählung *Die Betrogene*.

Worauf die Sache hinauslaufen sollte, davon hatte er schon ziemlich konkrete Vorstellungen, bevor auch nur eine Zeile geschrieben ist. Am 27. April 1943 schrieb er dem Sohn Klaus, der mittlerweile in Diensten der amerikanischen Armee steht:

»Ich möchte gern wieder etwas schreiben und verfolge einen sehr alten Plan, der aber unterdessen gewachsen ist: eine Künstler-(Musiker) und moderne Teufelsverschreibungsgeschichte aus der Schicksalsgegend Maupassant, Nietzsche, Hugo Wolf etc., kurzum das Thema der schlimmen Inspiration und Genialisierung, die mit dem Vom Teufel geholt Werden, d. h. mit der Paralyse endet. Es ist aber die Idee des Rausches überhaupt und der Anti-Vernunft damit verquickt, dadurch auch das Politische, Faschistische, und damit das traurige Schicksal Deutschlands. Das Ganze ist sehr altdeutsch-lutherisch getönt (der Held war ursprünglich Theologe), spielt aber in dem Deutschland von gestern und heute. Es wird mein ›Parsifal‹. So war es schon 1910 gedacht, als der politische

Einschlag noch vorwegnehmender und verdienstlicher war. Aber ich hatte immer so viel anderes zu tun.«[8]

Sein *Parsifal* also. Noch einmal ausholen, noch einmal ein großes Werk – »Then to the elements. Be free, and fare thou well!«,[9] wie Leverkühn mit verzweifeltem Humor sagt, kurz bevor er zusammenbricht.

»Begann vormittags ›Dr. Faust‹ zu schreiben«, heißt es dann wirklich am 23. Mai 1943. Es ist, aus der Binnenperspektive des Romans gesehen, der selbe Tag, an dem auch Serenus Zeitblom mit der Niederschrift der Chronik beginnt. Er ist der im Untertitel genannte Freund, der das Leben des deutschen Tonsetzers Adrian Leverkühn erzählt, Gymnasiallehrer für alte Sprachen, sitzend in seinem Studierzimmer in Freising an der Isar. Zeitblom hat seinen Beruf lange vor der Zeit aus Protest gegen den Nationalsozialismus an den Nagel gehängt, ist aber im Lande geblieben: »In dieser Beziehung bin ich mit mir zufrieden.«[10] Er ist der innere Emigrant, der Thomas Mann nicht war.

Zeitblom ist das Alter Ego Thomas Manns; er führt die Existenz, die dieser sich im Tagebuch vom 20. November 1933 ausgemalt hatte, als er am Überlegen war, ob er nicht doch wieder nach Deutschland zurückgehen sollte: »Schließlich brauchte man sich nicht zu benehmen wie Hauptmann und Strauss, sondern könnte eine ernste und jedes Hervortreten ablehnende Isolierung bewahren.« Ernst und isoliert – so ist zuletzt Zeitbloms Existenz, um ihn herum nur Nazis, selbst seine Söhne sind Nazis, während er in sich gekehrt seiner Schreibtischarbeit nachgeht, die er als Liebesdienst versteht für seinen toten Freund, den Tonsetzer Adrian Leverkühn. Aber Thomas Mann ist auch Leverkühn. Er hat sich auf beide Figuren verteilt, und es ist kein Wunder, dass er zur Vorbereitung Stevensons unheimliche Doppelgängergeschichte *Dr. Jekyll and Mr. Hide* las.

Warum Thomas Mann die Chronik von Leverkühns Leben nicht einem auktorialen Erzähler überlässt, sondern dafür eine eigene Figur erfindet, liegt auf der Hand: Der humanistisch ausgerichtete Zeitblom ist gewissermaßen der Filter, durch den die dämonische Geschichte vom Künstler Leverkühn hindurchgeht; jenes Leverkühn, der sich mit dem Teufel einlässt und dafür 24 künstlerisch äußerst fruchtbare Schaffensjahre bekommt, in denen er ausnahmslos geniale Werke komponiert – dies freilich zu einem hohen Preis: Er darf nicht lieben und muss dem Teufel seine Seele überlassen.

Dass er selber nicht lieben durfte, das hatte sich Thomas Mann gewissermaßen als ein Gesetz seiner Schriftstellerexistenz auferlegt. In Leverkühn wird diese Kälte eine teuflische und damit zum Äußersten getrieben. In dem Gespräch zwischen Leverkühn und dem Teufel, genau in der Mitte des Romans, sagt dieser zu Leverkühn: »Dein Leben soll kalt sein – darum darfst du keinen Menschen lieben. … Eine Gesamterkältung deines Lebens und deines Verhältnisses zu den Menschen liegt in der Natur der Dinge, – vielmehr sie liegt bereits in deiner Natur, wir auferlegen dir beileibe nichts Neues …«[11]

Thomas Mann wollte das Hochprekäre auf Abstand halten, die Einsamkeit und den Ernst von Leverkühns Künstlertum, das natürlich sein eigenes war, anfechtbar und gefährdet von Anfang an, bedroht von Sterilität und Kälte. Die war schon um Thomas Buddenbrook, wie der Bruder Christian ihm vorwarf: »Solange ich denken kann, hast du eine solche Kälte auf mich ausströmen lassen, daß mich in deiner Gegenwart beständig gefroren hat … ja, das mag ein sonderbarer Ausdruck sein, aber wenn ich es doch so empfinde?«[12] Auch Leverkühn umgibt Kälte, seit er mit dem Teufel handelseinig ist: »Und der Frost, von ihm her, dringt mich an, schneidend, daß ich mich schutzlos und bloß fühle davor in meinem leichten Anzug.«[13]

In seinem leichten Anzug brachte Thomas Mann unter der kalifornischen Sonne die Revision seines Künstlertums zu Papier, als die wir den *Doktor Faustus* zu lesen haben. Von Anfang an hatte er sich menschliche Kälte verordnet, weil er in ihr die Bedingung oder zumindest die notwendige Begleiterscheinung seiner schriftstellerischen Existenz sah. Schon die frühe Erzählung *Tonio Kröger* hatte das zum Ausdruck gebracht: »Ich sage Ihnen«, sagt Tonio Kröger zu seiner russischen Freundin Lisaweta, »daß ich es oft sterbensmüde bin, das Menschliche darzustellen, ohne am Menschlichen teilzuhaben …«[14]

Das klang etwas pathetisch und auch ein wenig simpel. Aber das Problem als solches blieb. So lässt er Leverkühn schwärmen von einer »Kunst mit der

Menschheit auf du und du«. Und Zeitblom, der ihm dabei zuhört, sagt: »Es ist schmerzlich und herzerhebend zugleich, die Einsamkeit von der Gemeinschaft, die Unnahbarkeit vom Zutrauen reden zu hören.«[15] Aber es geht Leverkühn und geht Thomas Mann um eine Neupositionierung von Kunst – und um eine Rettung der eigenen Person: »Wem also der *Durchbruch* gelänge aus geistiger Kälte in eine Wagniswelt neuen Gefühls, ihn sollte man wohl den Erlöser der Kunst nennen.«[16]

Die Andeutung dieser wenigen, aber zentralen Themenkomplexe genügt wahrscheinlich schon, damit man verstehe, warum sich Thomas Mann vor diesem Werk fürchtete, wie man sich vor einer öffentlichen Beichte fürchtet. Man begreift auch, wieso er derart unter Hochspannung stand, als er dieses Werk schrieb, ein Werk, dem er diese Hochspannung buchstäblich einschrieb. Was er hier zu einer außerordentlich raffinierten Mixtur aus Zeit- und Kulturgeschichte, Familien- und persönlicher Geschichte zusammenmontiert, wird ein rückhaltloses Bekenntniswerk.

Was das Persönliche betrifft, darüber gibt die Tagebuchnotiz vom 17. März 1943, neun Wochen vor Beginn der Niederschrift, Auskunft:

»Vormittags in alten Notizbüchern. Machte den 3 Zeilen-Plan des Doktor Faust vom Jahre 1901 ausfindig. Berührung mit der P. E.- und Tonio Kr.-Zeit. … Scham und Rührung beim Wiedersehn mit diesen Jugendschmerzen. Man kann die Liebe nicht stärker erleben. Schließlich werde ich mir doch sagen können, daß ich alles ausgebadet habe. Das Kunststück war, es kunstfähig zu machen. Erstaunen über Vieles, die Zumutung, das Entgegenkommen, das nur durch große Achtung zu erklären, das relative Glück – bei *gründlichem* Leiden.«

Und jetzt litt er wieder. Er litt allein bei dem Gedanken an die Zeit, da er verliebt war in jenen P. E., in Paul Ehrenberg, von dem wir immer noch nicht wissen, wie weit der in seinem »Entgegenkommen« ging. Thomas Mann erklärt es sich nicht mit einer entsprechenden Neigung bei der Gegenseite, sondern mit der großen Achtung, die diese vor ihm gehabt habe.

Daraus hätte gut und gerne eine handfeste Homosexuellengeschichte werden können. Dass daraus nichts wurde, versteht sich bei Thomas Manns Zurückhaltung in diesem Punkt von selbst. Dennoch schwingt das Thema unterschwellig die ganze Zeit mit. Leverkühns Verhältnis zu Rudi Schwerdtfeger, hinter dem Paul Ehrenberg steht, ist zweideutig. Thomas Mann begnügt sich auch hier mit subtilen Andeutungen, die er dem Erzähler Zeitblom in den Mund legt und die allerdings den Charakter einer Verrenkung annehmen: »Wahrscheinlich ist es mein Schicksal, nur steif und trocken-grüblerisch über das Phänomen im Allgemeinen sprechen zu können, das Adrian mir eines Tages als eine erstaunliche und immer etwas unnatürliche Alterierung des Verhältnisses von Ich und Nicht-Ich kennzeichnet, – das Phänomen der Liebe.«[17]

Als erstaunlich hatte Thomas Mann es schon früher bezeichnet, wenn ihm in dieser Sache jemand »entgegengekommen« war. Für Zeitblom ist das bloß ein akademisches Problem: »Immerhin will ich durchblicken lassen, daß eine spezifische Gewitztheit durch mein Altphilologentum es war …, welche mich in den Stand setzte, hier überhaupt etwas zu sehen und zu begreifen.«[18] Die Anspielung auf den Beruf verrät die ganze Sache. Thomas Mann wusste von dem Homosexuellen-Hasser Arthur Schopenhauer, dass der altphilologisch Gebildete über die Verbreitung der Homosexualität gut Bescheid wisse, denn bei den Griechen sei alles voll davon.

Nach den *Buddenbrooks* ist der *Doktor Faustus* das Werk, mit dem Thomas Mann am meisten von sich preisgegeben, sich am meisten von der Seele geschrieben hat. Deshalb gehörte auch nochmal eine Abrechnung mit der eigenen Familie mit hinein, die in den *Buddenbrooks* schon greifbar ist, aber nicht so rücksichtslos ausfällt wie hier. Gerda, Thomas Buddenbrooks Frau, wird als gefühllose und etwas rücksichtslose Person geschildert – ein Porträt der Mutter ganz zweifellos, die dem Vater Thomas Johann Heinrich Mann nicht gerade herzlich zugetan war. Aber was Thomas Mann mit dem *Faustus*-Roman unternimmt, ist eine Bloßstellung, die zu Lebzeiten Julia Manns, geborene da Silva-Bruhns, wohl auch Thomas Mann nicht denkbar erschienen wäre. Jetzt tat er sich keinen Zwang mehr an.

Julia Mann ist das Vorbild für die Senatorenwitwe Rodde, bei der Leverkühn in München zur Untermiete wohnt. Bis in die Details stimmt hier alles: die äußere Erscheinung, der Umzug von Norddeutschland nach München nach dem Tod des Ehemanns, der verringerte, aber immer noch recht anständige Lebensstandard, der Salon, den sie mit Künstlern eher von Halbwelt unterhält, schließlich der im Witwenstand ohne große Hemmungen ausgelebte Hedonismus.

Thomas Mann hat das Leben seiner Mutter in München keineswegs gutgeheißen; er hat ihr Amüsierbedürfnis genauso missbilligt, wie ihm ihre erotische Freizügigkeit auf die Nerven fiel. Der Rodde schiebt er entsprechend »Wünsche einer unerschöpften und wahrscheinlich nie recht befriedigten Lebenslust unter«. Und er unterstellt ihr Heuchelei: »Ihre Gesellschaften gab sie, so wollte sie es wahrhaben, im Interesse ihrer Töchter, vorwiegend aber doch, wie ziemlich deutlich war, um selbst zu genießen und sich den Hof machen zu lassen. Man unterhielt sie am besten durch kleine, nicht zu weitgehende Schlüpfrigkeiten …«[19]

Dass es sich hier um ein Porträt seiner Mutter handelt, die seit 20 Jahren tot war, hat er genauso zugegeben wie die Tatsache, dass dieses Porträt reichlich kalt ausgefallen war. Aber woher diese Kälte kam, dazu hat er nichts gesagt.

Auch seine zwei Schwestern bringt er unter in diesem Roman, Carla und Julia Mann, die als Senatorentöchter Clarissa und Ines Rodde wieder auferstehen – denn beide waren zu der Zeit, als Thomas Mann den *Doktor Faustus* schrieb, längst tot. Sie haben sich beide umgebracht, Carla 1910, Julia 1927. Julia Mann hat Carlas Tod noch erlebt. Dieser Selbstmord gehört zu den traurigsten Episoden eines an Katastrophen ohnehin nicht armen Romans. Bis in die Einzelheiten hinein hat Thomas Mann das Schicksal seiner Schwester Carla, die eine unglückliche, halt- und beruflich erfolglose Frau war, verarbeitet.

Carla Mann wollte sich mit einem Industriellensohn aus dem Elsaß verheiraten, aber ein ehemaliger Geliebter, von dem sie sich gelöst hatte, erpresste sie mit dem alten Verhältnis, wollte sie weiterhin zu seiner Verfügung und setzte die Familie ihres Zukünftigen und diesen selbst davon in Kenntnis. Der Verlobte wurde misstrauisch und stellte sie zur Rede. Es kam zum Streit, Carla eilte, an der Mutter vorbei, auf ihr Zimmer, das sie hinter sich abschloss. Sie nahm Zyankali. Dies geschah am 30. Juli 1910 in Polling bei München, im Haus der Mutter. Im Roman liest sich das so:

»Es war früher Nachmittag. Die Senatorin sah ihr Kind im Geschwindschritt von einem Spaziergang zurückkehren, den sie nach Tische auf eigene Hand unternommen. Auf dem kleinen Vorplatz des Hauses eilte Clarissa mit einem flüchtig-wirren und blinden Lächeln an ihr vorüber in ihr Zimmer, dessen Schlüssel sich hinter ihr kurz und energisch im Schlosse drehte. In ihrem eigenen Schlafzimmer, nebenan, hörte die alte Dame die Tochter nach einer Weile am Waschtisch mit Wasser gurgeln, – wir wissen heute, daß dies zur Kühlung der Verätzungen geschah, die die furchtbare Säure ihr im Schlunde verursacht. Dann trat Stille ein …«[20]

Man findet Clarissa Rodde ausgestreckt auf dem Sofa liegen. Sie ist schon tot, erstickt am Zyankali, das ihr die Haut auf den Händen und im Gesicht blau eingefärbt hat. Sehr ähnlich hat es sich auch in

Wirklichkeit abgespielt, als Thomas Manns Schwester Carla starb. Es ist eine Episode wie aus einem Kolportage-Roman.

Thomas Mann wusste, dass das Erfinden nicht seine Stärke sei. Aber die Rücksichtslosigkeit, mit der er nun vorging – und zwar nicht nur gegen sich selbst –, war doch etwas anderes als das, was man seit den *Buddenbrooks* von ihm kannte. Die Sache mit Onkel Friedel, jenem Friedrich Mann, der das Vorbild für Christian Buddenbrook abgab, war harmlos gegen das, was er nun machte. Selbst der grandios-bösartige Scherz, den er sich mit Mynherr Peeperkorn alias Gerhart Hauptmann im *Zauberberg* gegönnt hatte, war ein Kinderspiel verglichen mit dem tödlichen Ernst, dem er sich mit dem Alterswerk hingab.

Denn die Geschichte Clarissa Roddes ist beileibe nicht die einzige Bloßstellung aus seinem Lebensumkreis, die er hier vornahm. Der *Doktor Faustus* ist streckenweise ein Drama um Liebe und Eifersucht, und wenn man nicht bereit ist, die Ebene der reinen Handlung zu verlassen, dann liest sich das recht trivial, was da vor sich geht: Die Geschichte zwischen Clarissas verheirateter Schwester Ines und Rudi Schwerdtfeger zum Beispiel, die ebenfalls tödlich endet, indem Ines Rudi eines Tages in einer Münchner Trambahn erschießt, weil sie eifersüchtig ist auf ihn, der so gerne flirtet und sich natürlich nicht nur mit ihr einlässt.

»Armer Rudi!«, beginnt Zeitblom das Kapitel XXXIX, in einem Ton, der das Drama nicht suggeriert, sondern hervorbringt. Das Wortkunstwerk, das Thomas Mann mit dem *Doktor Faustus* gelang, ist deshalb so einzigartig, weil man die Spannung, unter der dieser beim Schreiben stand, als Leser beinahe unmittelbar spürt. »Armer Rudi!«, heißt es also. »Kurz war der Triumph deiner kindischen Dämonie, denn sie hatte sich in dem Kraftfeld einer tieferen, verhängnisstärkeren verfangen, die sie schleunigst brach, verzehrte, zunichte machte. Unseliges ›Du‹! Weder kam es der blauäugigen Belanglosigkeit zu, die es für sich gewann, noch konnte derjenige, der sich dazu herbeiließ, umhin, die – mag sein – beglückende Erniedrigung zu rächen, die ihm damit geschehen war. Die Rache war unwillkürlich, prompt, kaltblickend und geheimnisvoll. Ich erzähle, ich erzähle.«[21]

Thomas Mann war bekannt für seine Abneigung gegen das Duzen, nur wenige seiner ohnehin nicht besonders zahlreichen Freunde konnten sich dieses Privilegs rühmen. So auch im Roman: Leverkühn siezt fast alle, bis auf Zeitblom, der entsprechend stolz drauf ist, und später Rudi Schwerdtfeger.

Aber wieso Erniedrigung? Der eisige, stolze Künstler Leverkühn empfindet die Begegnung mit dem gewöhnlichen Leben, als das der harmlose Schwerdtfeger ihm erscheint, als Erniedrigung, genauso, wie Thomas Mann sie als erniedrigend empfand – was ihn nicht daran hinderte, sich zu den Blonden und Blauäugigen hingezogen zu fühlen. Die Verwirklichung seiner erotischen Träume kam für ihn ja nicht in Frage, er lebte und liebte auf Distanz, sein Leben gebot Geheimnis. Dieses Geheimnis lüftet bis zu einem gewissen Grade der *Doktor Faustus*.

Dieser Roman ist das Produkt kältesten Kalküls, und das wurde bei seinem Erscheinen sogleich bemerkt. Was die enorm schwierigen musikphilosophischen Spekulationen betrifft, welche zu einem guten Teil die intellektuelle Substanz des *Doktor Faustus* ausmachen, so hat Thomas Mann viel von dem fast dreißig Jahre jüngeren Philosophen und Musiktheoretiker Theodor W. Adorno gelernt. Er saß oft mit Adorno zusammen, man tauschte nicht nur Gedanken aus, sondern auch ganze Manuskripte, und die Zusammenarbeit war derart intensiv, dass es hinterher zu Missstimmigkeiten über der Frage kam, wieviel der Roman Adorno verdanke.[22]

Der *Doktor Faustus* ist, als Intellektuellen-Konstrukt kältesten Wassers, zugleich ein Produkt des Leidens, des Leidens an sich selbst, an der Vergangenheit und an Deutschland. Dies verleiht dem Werk seine ungeheure seelische Spannung, und Thomas Mann war regelrecht dankbar, wenn Leser ihm sagten, sie hätten diese Spannung gespürt.

In dem eben zitierten Absatz steckt Thomas Manns ganze Kunst, die aus dem Spannungsverhältnis zwischen Geist und Leben ihren Reiz und ihre Energie bezieht. Sie besteht aus An- und Vorausdeutungen, aus sehr subtilen Anspielungen und funktioniert nach dem Prinzip des verlängerten Vorhalts. Das Wesentliche dabei hat er von Richard Wagner gelernt: Er deutet ein Ereignis oder Motiv an und lässt es dann wieder fallen, um sich etwas scheinbar anderem zuzuwenden. Aber der Leser beziehungsweise der Hörer merkt, dass es damit etwas auf sich hat, und vergisst es nicht, liest gespannt weiter, bis es wieder auftaucht und er es wiedererkennt.

Thomas Mann macht es auf diese Weise spannend. Es funktioniert wie Musik, und nicht umsonst wollte er, dass man seine Werke zweimal liest, weil man sie, wie Musik, erst richtig genießen könne, wenn man sie bereits kenne. Seine Leitmotivik ist aber nicht jedermanns Sache. Bis heute gibt es Leser, insbesondere der *Buddenbrooks* und des *Zauberbergs*, denen es auf die Nerven geht, wenn immer wieder Christians große Nase oder Hans Castorps Zigarre erwähnt wird.

In dem zitierten Absatz steckt auch das Handlungsprinzip des Romans, das ein teuflisches ist. Der Teufel hat Leverkühn verboten zu lieben, und deshalb muss Schwerdtfeger, als ehemaliger Geliebter, sterben. Das ist mit dem tieferen, verhängnisstärkeren Kraftfeld gemeint, von dem Zeitblom spricht und in dem Schwerdtfeger umkommt. Die »blauäugige Belanglosigkeit« ist einem dämonischen Künstlertum nicht gewachsen, das es am Ende eben doch als Erniedrigung empfindet, wenn sich beide Seiten aufeinander einlassen. Der Künstlerstolz rächt sich an der Gewöhnlichkeit – das war schon früher so, es war Thomas Manns Kunstprinzip von Anfang an: Seine Geschichten sind Rache für das, was er im Leben erlitten hat; mit jedem Wort wollte er die Wirklichkeit buchstäblich erledigen.

Der *Doktor Faustus* ist auch eine Rache an München, wo der Roman über weite Strecken spielt. Die Stadt erscheint als das, als was sie Thomas Mann seit seinem Exil überdeutlich sah: als Hort des Faschismus. Er hatte den »Protest der Richard-Wagner-Stadt München« nicht vergessen und verlieh ihr entsprechend unheimliche Züge.

Die Literatur sei ein Fluch, hatte er als junger Autor behauptet, und wenn man den *Doktor Faustus* liest, versteht man, was er damit eigentlich gemeint hat und welche Konsequenzen das haben kann. Er war nicht nur rücksichtslos gegenüber sich selbst, sondern auch gegenüber anderen, die er gleichsam aussog. Aber es wurde große Kunst daraus.

Große Kunst wurde vor allem auch aus einer Episode, die zu den traurigsten des Romans zählt und die Thomas Manns Familie so gerührt wie erschüttert aufnahm, als er sie zu Hause vorlas. Er hat nämlich auch seinen Lieblingsenkel Frido auf dem literarischen Gewissen, der Sohn seines Sohnes Michael, der in Kalifornien aufwuchs, nach Deutschland ging, als Psychotherapeut arbeitete und inzwischen zwei Romane geschrieben hat. Frido Mann hat ihn zu der Figur des Nepomuk Schneidewein inspiriert, den er als ein engelsgleiches Wesen beschreibt, das alle sofort bezaubert. Er ist Adrian Leverkühns Neffe und letzte Liebe. Ihn, der von allen Echo genannt wird, lässt der Verteufelte in seine Nähe, und selbst das ist zuviel: »Welche Schuld, welche Sünde, welch ein Verbrechen ..., daß wir ihn kommen ließen, daß ich ihn in meine Nähe ließ, daß ich meine Augen an ihm weidete! Du mußt wissen, Kinder sind aus zartem Stoff, sie sind gar leicht für giftige Einflüsse empfänglich ...«[23] – So klagt Leverkühn gegenüber Zeitblom, als Echo bereits tödlich an Gehirnhautentzündung erkrankt ist. Er muss sterben, weil Leverkühn ihn liebt.

An solche giftigen Einflüsse zu glauben ist freilich dem Leser genauso überlassen, wie es ihm überlassen ist, überhaupt an den Teufel zu glauben. Thomas Mann tat das auf eine eher symbolische Weise. Aber an den Teufel glauben muss man auch nicht, wenn man den *Doktor Faustus* verstehen will. Diese Geschichte, in der er seine eigene Lebensgeschichte mit der Friedrich Nietzsches verschränkt, ist selbst symbolisch. Hier zieht er die Konsequenz daraus, dass er sich immer als repräsentativer Schriftsteller seines Landes empfand. Leverkühns Motto ist: Wo ich bin, ist Kaisersaschern.[24]

Für diesen Anspruch muss er schließlich einen Preis bezahlen, zumindest symbolisch: Deutschland geht zum Teufel und er selbst, in der Figur des Musikers Adrian Leverkühn, auch. Der Roman endet mit Leverkühns Tod am 25. August 1940, auf den Tag genau 40 Jahre nach Nietzsches Tod. Leverkühn stirbt, wie Nietzsche, in geistiger Umnachtung, die 1930 mit einem unheimlichen Kollaps einsetzt und langsam in einen Dämmerzustand mündet.

Übrig bleibt, als Adrian Leverkühns geheimer Doppelgänger und Thomas Manns bessere, weil undämonische Hälfte, der treue Erzähler Serenus Zeitblom: »Ein einsamer Mann faltet seine Hände und spricht: Gott sei euerer armen Seele gnädig, mein Freund, mein Vaterland.«[25]

Wozu dieses Gebet? Wer die späten Essays liest,

der bekommt den Eindruck, dass Thomas Mann seine Existenz als Schuld empfunden hat, als etwas, das der Rechtfertigung, der Wiedergutmachung bedarf. Das war keine Einbildung oder Wichtigtuerei, er hat es wirklich so empfunden. Und er sah kein anderes Mittel, diese Wiedergutmachung zu leisten, als eben seine Erzählkunst, die er jetzt Zeitblom borgt: »Ich habe einem schmerzlich bedeutenden Menschen angehangen bis in den Tod und sein Leben geschildert, das nie aufhörte, mir liebende Angst zu machen. Mir ist, als käme diese Treue wohl auf dafür, daß ich mit Entsetzen die Schuld meines Landes floh.«[26] Mehr Preisgabe war Thomas Mann nicht möglich, es war das Äußerste.

So ist, was er mit dem *Doktor Faustus* schrieb, eine einzige große Entschuldigung – eine Entschuldigung für die menschliche Kälte, die er an sich selbst wahrnahm, und eine Entschuldigung dafür, dass er sein Leben beinahe vollständig der Kunst widmete.

Dieses Leben ging nun langsam zu Ende.

»Klares Wetter«, vermerkt das Tagebuch am 29. Januar 1947. »Schrieb um _ 12 Uhr die letzten Worte des ›Dr. Faustus‹. Bewegt immerhin.« Dann geht er spazieren, den üblichen Weg, Amalfi Drive in Pacific Palisades in Kalifornien. Auf dem Rückweg nimmt ihn Katja, wie so oft, mit dem Auto mit und beglückwünscht ihn zum traurigen Ende seines letzten großen Werks. Ungläubig fragt er im Tagebuch: »Mit Grund?« Er weiß es selbst nicht. Nur soviel: »Ich anerkenne die moralische Leistung.«

Danach wollte er sich zum Sterben hinlegen. Aber es ging nicht; er lebte und schrieb noch weiter, schrieb den Roman *Der Erwählte* nach einer mittelalterlichen Legende von Hartmann von Aue und machte den ersten Teil der *Bekenntnisse des Hochstaplers Felix Krull* fertig, den er vor fast einem halben Jahrhundert angefangen hatte und der 1954 endlich erschien. 1953 kam *Die Betrogene* heraus, Thomas Manns letzte Erzählung, ein düsteres, hinterhältiges Werk, das auf eine Altersdepression hindeutet, die sich in den späten Tagebüchern auf beinahe erschütternde Weise äußert.

Er hatte es machen wollen wie Wagner: ein letztes Hauptwerk schreiben und sich dann verabschieden. Der Tod kam aber nicht, und er wusste nicht recht, was er noch sollte auf der Welt: »So ist es, wenn man sich überlebt. Wagner schrieb mit annähernd 70 sein Schlußwerk, den Parsifal, und starb nicht lange danach. Ich habe ungefähr im selben Alter mein Werk letzter Konsequenz, den Faustus, Endwerk in jedem Sinn, geschrieben, lebte aber weiter. Der Erwählte, noch reizvoll, und Die Betrogene sind bereits überhängende Nachträge, schon unnotwendig. Was ich jetzt führe, ist ein Nachleben, das vergebens nach produktiver Stütze ringt. Den Krull als einen Faust aufzufassen, den es zu beenden gilt, ist schwer möglich. Noch zu leben, ist fehlerhaft, besonders da ich fehlerhaft lebe.« Ein bitteres Resümee, das er da am 6. Juli 1953 zieht und das umso bemerkenswerter ist, als es von einem Schriftsteller stammt, der in dieser Zeit, bis zuletzt, noch bedeutende Literatur geschaffen hat, von der jedes einzelne Werk einen geringeren als ihn ziemlich weit nach vorne gebracht hätte.

Nicht so Thomas Mann. Als todtrauriger alter Mann, der zurück ist aus Amerika und in Zürich sein letztes Quartier bezieht, nimmt er zur Kenntnis, dass man ihn mit Preisen überhäuft. »Seltsam festlich geräuschvolles Abschnurren des Lebensrestes«, notiert er am 13. Juni 1953, als könnte er es selbst nicht glauben, dass er noch lebt. Der Papst empfängt ihn schließlich, Pius XII., bei dem er eine Privataudienz hat, was ihn tief bewegt und in den Sympathien, die er immer schon für den Katholizismus hatte, vollends bestätigt. Katja wird am 24. Juli 1953 siebzig, und er hält im Zürcher Grand-Hotel Dolder eine Rede, bei der nicht nur ihm die Tränen kommen. Es kommt, am 11. Februar 1955, die Goldene Hochzeit.

Und es kommt sein achtzigster Geburtstag, den er auch noch erleben muss, obwohl er am 25. April 1955 im Tagebuch fragt: »Wann ereilt es mich – noch vor dem Geburtstag? Oder bald nachher?« Der Tod kommt nachher, nach einem Geburtstagsfest, das selbst seine Erwartungen übertrifft und ihn zu der Vermutung nötigt, noch nie sei ein Mensch auf Erden so gefeiert worden wie er. Frido, der Lieblingsenkel, den er im *Doktor Faustus* als Fünfjährigen umgebracht hat, ist da, im blauen Anzug und im Stimmbruch. »Wie seltsam das alles!«, notiert er am 15. Juni, neun Tage nach seinem Geburtstag.

Er unternimmt noch einmal eine Reise, nach Holland geht es. Er liest zwischendurch, zuletzt

Herman Melvilles Novelle *Billy Budd*. Am 18. Juli beginnt sein linkes Bein zu schmerzen. Die Ärzte sagen, dass es eine Venenentzündung ist, und seine Familie sagt das auch. Er selbst denkt, dass er Rheuma hat, weil er nicht mehr richtig laufen kann und es bald auch nicht mehr darf. Es ist aber eine Thrombose. »Absolutes Stilliegen, keinen Schritt gehen«, verordnen die Ärzte, und er notiert es so am 22. Juli im Tagebuch, als gehe ihn das alles nichts mehr an. Man fliegt ihn zurück nach Zürich, er kommt ins Krankenhaus, wo man ihm sechs Wochen in Aussicht stellt, so lange werde es wohl dauern, bis er wieder auf den Beinen sei. Sechs Wochen – das wundert ihn nun doch. Schmerzen hat er keine, und dass er sich vor der Krankenschwester das Gebiss herausnehmen und auch sonst etwas herzeigen muss, was Fremde sonst nicht zu sehen bekommen, das macht ihm nun nichts mehr aus. »Abschaffung des Zartgefühls«, notiert er am 22. Juli, als hätte er es selbst in der Hand, ob er sich noch schämen soll. Nur dass er beim Urinieren in die Glasflasche, auf die der nun nur noch Liegende jetzt angewiesen ist, daneben zielt, das ist ihm peinlich. Selbst das Rauchen schränkt er ein, obwohl er es sich von den Ärzten wohl kaum hätte verbieten lassen; drei Zigaretten sind es nur noch am Tag. Und er ist traurig, dass er herumliegen muss im Krankenhaus, wo doch eine Kapelle aus dem Württembergischen Schorndorf ihm noch ein Ständchen bringen wollte in Kilchberg bei Zürich. Aber daraus wird nichts mehr, auch wenn die Ärzte die Thrombose in den Griff bekommen. Gespenstisch dann die letzte Tagebucheintragung, die vom

29. Juli datiert: »Lasse mir's im Unklaren, wie lange dies Dasein währen wird. Langsam wird es sich lichten.«

Es lichtet sich. Seine untere Bauchschlagader reißt.

Thomas Mann stirbt am 12. August 1955 abends um acht im Zürcher Kantonsspital.

Anmerkungen

Kapitel I
Die Hunde im Souterrain an die Kette gelegt – Eine Kindheit

[1] VIII, 808
[2] So im *Lebensabriß* von 1930, XI, 98
[3] XI, 387
[4] XI, 421
[5] VIII, 275
[6] XI, 421
[7] XI, 536
[8] XI, 536
[9] XI, 450
[10] XI, 98
[11] Beide Zitate XI, 327
[12] XI, 328
[13] XI, 334
[14] XI, 99
[15] Sie finden sich in Band VIII der hier zitierten Werkausgabe.
[16] Br I, 3
[17] XII, 72
[18] XII, 72
[19] XIII, 473
[20] XI, 1130
[21] III, 53
[22] XIII, 140
[23] XIII, 140
[24] V, 1085 f.

[25] Br G, 68
[26] VIII, 80
[27] Br G, 90
[28] VIII, 1106

Kapitel II
Fürs Erste ausgedient
Buddenbrooks

[1] Br I, 24
[2] I, 265
[3] Br G, 51
[4] I, 743
[5] Br G, 120
[6] Br HM, 25
[7] Br HM, 25
[8] Br HM, 26
[9] Br HM, 75
[10] Br I, 61 f.
[11] Br G, 140
[12] Br HM, 92
[13] I, 261
[14] I, 580
[15] X, 10
[16] X, 16
[17] X, 22
[18] I, 681
[19] VIII, 294 f.
[20] X, 22
[21] XI, 332 f.
[22] I, 723
[23] XI, 141
[24] Br HM, 83
[25] Br HM, 112 f.
[26] VIII, 374
[27] Br HM, 166

Kapitel III
Vergleiche Dich! – Heinrich

1 I, 274
2 Br HM, 73
3 Br HM, 126
4 Br HM, 30
5 Br HM, 82
6 Br HM, 82
7 Br HM, 85
8 Br HM, 87
9 Br HM, 174
10 Br HM, 87
11 I, 581
12 Br HM, 167
13 Br HM, 90
14 Br HM, 108
15 I, 580
16 Br HM, 112
17 Br I, 53
18 Br HM, 166
19 Br HM, 177 f.
20 XII, 9
21 So am 18. September 1914; Br HM, 172
22 Br HM, 178
23 Zitiert nach Br HM, 41
24 Br HM, 175
25 So am 20. Januar 1919
26 So am 21. Februar 1920
27 Br HM, 179
28 Zitiert nach Br HM, 46
29 Br HM, 176

Kapitel IV
Sinnlich, aber kühl
Der Zauberberg

1 III, 888
2 III, 888 f.
3 Zitiert nach Wysling, Leben in Bildern, 261
4 III, 907
5 Br I, 238
6 Br I, 238
7 III, 173
8 III, 173
9 XI, 605
10 XI, 852
11 III, 765
12 III, 762 f.
13 VIII, 223
14 Alle Briefzitate in diesem Absatz aus Br I, 223
15 Br I, 234 f.
16 Zitiert nach Wysling, Leben in Bildern, 265
17 Br I, 239
18 XI, 278
19 XI, 852
20 III, 686
21 III, 994

Kapitel V
Das Glück ist ein Dienst – Frau und Kinder

1 Br HM, 114
2 Br HM, 97 f.
3 II, 410
4 Br I, 43 f.
5 Br I, 57
6 Br HM, 102

[7] Br HM, 101
[8] Notizbücher II, 112
[9] Br HM, 102
[10] II, 363
[11] VIII, 410
[12] XIII, 472
[13] VIII, 410
[14] XI, 522
[15] VIII, 525

Kapitel VI
»Thank You, Mr. Hitler!« – Im Exil

[1] Tagebuch vom 9. Oktober 1951
[2] IX, 381
[3] Zitiert nach Wysling, Leben in Bildern, 317
[4] XI, 793
[5] XI, 793
[6] XII, 846
[7] XII, 848
[8] XII, 849
[9] V, 1558
[10] II, 657 f.
[11] XII, 790
[12] Alle drei Zitate XII, 787
[13] XII, 787 f.
[14] Beide Zitate XII, 951
[15] XII, 956
[16] XI, 488

Kapitel VII
Das erkältete Leben
Doktor Faustus

1 XI, 144
2 XI, 147
3 Tagebuch vom 28. Mai 1946
4 XI, 148
5 XII, 787
6 Tagebuch, 21. März 1943
7 Tagebuch am 21. März 1943
8 Br II, 309
9 VI, 635
10 VI, 10
11 VI, 332
12 I, 577
13 VI, 299
14 VIII, 296
15 VI, 429
16 VI, 428
17 VI, 550
18 VI, 551
19 VI, 261
20 VI, 509
21 VI, 553
22 Die ausgewogenste Darstellung dazu findet sich bei Kurzke, Leben als Kunstwerk, 504 bis 507.
23 VI, 633
24 VI, 302
25 VI, 676
26 VI, 669

Bibliographie

Zur Einführung ist zu empfehlen: Hermann Kurzke, Thomas Mann. Epoche – Werk – Wirkung. München 1997. [Dort weiterführende Literaturhinweise]

Thomas Manns Werke werden durch einfache Angabe des jeweiligen Bandes in römischer Zahl zitiert, die Tagebücher nur durch Angabe des Datums; die Briefausgaben sind, wie die Sekundärliteratur, mit Siglen versehen, die hier in Klammern dazugesetzt sind.

Thomas Mann, Gesammelte Werke in dreizehn Bänden. S. Fischer Verlag, Frankfurt a. M. 1974. (I–XIII)

Thomas Mann, Briefe. Hrsg. von Erika Mann. 3 Bände. S. Fischer Verlag, Frankfurt a. M. 1961–1965. (Br I–III)

Thomas Mann, Briefe an Otto Grautoff 1894–1901 und Ida Boy-Ed 1903–1928. Hrsg. von Peter de Mendelssohn. S. Fischer Verlag, Frankfurt a. M. 1975. (Br G)

Thomas Mann – Heinrich Mann, Briefwechsel 1900–1949. Hrsg. von Hans Wysling. Nach der erw. Neuausgabe 1984. S. Fischer Verlag, Frankfurt a. M. 1995. (Br HM)

Thomas Mann – Agnes E. Meyer: Briefwechsel. Hrsg. von Hans Rudolf Vaget. S. Fischer Verlag, Frankfurt a. M. 1992. (Br AEM)

Thomas Mann, Notizbücher 1–6, 7–14. Hrsg. von Hans Wysling und Yvonne Schmidlin. S. Fischer Verlag, Frankfurt a. M. 1991, 1992. (Notizbücher I, II)

Thomas Mann, Tagebücher 1918–1921, 1933–1955. 10 Bände. Hrsg. von Peter de Mendelssohn bzw. Inge Jens. S. Fischer Verlag, Frankfurt a. M. 1977–1995.

Biographische Literatur in Auswahl

Joachim Fest, Die unwissenden Magier. Über Thomas und Heinrich Mann. Siedler Verlag, Berlin 1985.

Klaus Harpprecht, Thomas Mann. Eine Biographie. Rowohlt Verlag, Reinbek bei Hamburg 1995.

Marianne Krüll, Im Netz der Zauberer. Arche Verlag, Zürich 1991

Hermann Kurzke, Thomas Mann. Das Leben als Kunstwerk. C. H. Beck Verlag, München 1999.

Peter de Mendelssohn, Der Zauberer. Das Leben des deutschen Schriftstellers Thomas Mann. Erster Teil: 1875–1918 (Bände I und II). Zweiter Teil: Jahre der Schwebe: 1919 und 1933 (Nachgelassene Kapitel) (Band III). Überarbeitete Neuausgabe in 3 Bänden. Hrsg. von Cristina Klostermann. S. Fischer Verlag, Frankfurt a. M. 1996.

Donald A. Prater, Thomas Mann. Deutscher und Weltbürger. Hanser Verlag, München/Wien 1998.

Hans Wysling, Yvonne Schmidlin, Thomas Mann. Ein Leben in Bildern. Artemis Verlag, Zürich 1994.